本书是国家社会科学基金（项目编号：14BGL051）的阶段性成果

企业中层管理者组织认同结构维度及作用机理研究

STUDY ON THE STRUCTURAL DIMENSION AND MECHANISM OF ENTERPRISE MIDDLE-LEVEL MANAGER'S ORGANIZATIONAL IDENTIFICATION

杜恒波/著

经济管理出版社
ECONOMY & MANAGEMENT PUBLISHING HOUSE

图书在版编目（CIP）数据

企业中层管理者组织认同结构维度及作用机理研究/杜恒波著. —北京：经济管理出版社，2015.5
ISBN 978-7-5096-3740-1

Ⅰ. ①企业… Ⅱ. ①杜… Ⅲ. ①企业管理—管理人员—研究—中国 Ⅳ. ①F279.23

中国版本图书馆 CIP 数据核字（2015）第 097051 号

组稿编辑：申桂萍
责任编辑：侯春霞
责任印制：黄章平
责任校对：王　淼

出版发行：经济管理出版社
（北京市海淀区北蜂窝 8 号中雅大厦 A 座 11 层　100038）
网　　址：www. E-mp. com. cn
电　　话：(010) 51915602
印　　刷：三河市延风印装厂
经　　销：新华书店
开　　本：710mm×1000mm/16
印　　张：11.5
字　　数：160 千字
版　　次：2015 年 6 月第 1 版　　2015 年 6 月第 1 次印刷
书　　号：ISBN 978-7-5096-3740-1
定　　价：49.00 元

前　言

随着经济全球化、知识多元化和技术创新迅捷化的不断推进，企业的经营环境呈现高度的不确定性，日趋激烈的企业竞争演变成企业人才的竞争。作为企业核心人才的中层管理者的低满意度、高工作压力、高离职率成为制约企业健康发展的主要“瓶颈”。组织认同可以使组织成员认知并内化组织价值观，将自己和组织视为一体，形成其他企业难以模仿的独特性，从而成为构成企业核心竞争力的主要因素之一。

组织认同作为组织行为学领域里的一个前瞻性研究课题和管理实践中正在兴起的一种新思维，受到了学者们的广泛关注。然而，梳理现有文献发现，学者们对组织认同的结构维度尚未达成共识，对组织认同影响因素和其对工作态度变量的作用机理尚缺乏系统、深入的研究。本书在文献梳理的基础上，通过对来自 11 家企业的 40 位企业中层管理者的深度访谈，运用扎根理论构建中国文化情境下企业中层管理者的组织认同结构维度模型；通过专家咨询和借鉴相关测量量表，运用问卷调查验证企业中层管理者组织认同的结构维度并开发测量量表；运用 311 份有效问卷，分析了企业中层管理者组织认同在人口学变量和组织学变量方面存在的差异，并考察了变革型领导、组织声望和组织公平对企业中层管理者组织认同各维度的影响；运用 412 份有效问卷，探索了组织认同对企业中层管理者工作态度变量的作用机理。本书借助 NVivo8、AMOS 7.0 和 SPSS 17.0 等软件进行数据管理分析，运用扎根理论、探索性因子分析、验证性因子分析、相关分析、结构方程、回归分析等分析技术，主要得出了如下结论：

第一，企业中层管理者组织认同是一个包含情感归属、价值融合、人际关系和事业发展的四维度结构。情感归属是指中层管理者与组织建立一致性的过程中所形成的不同情感类型的总称，包含归属感、自豪感与安全感三个子维度；价值融合是指企业中层管理者的价值观与领导者的价值观以及企业的发展理念的一致性，包含企业发展理念、领导者价值观和企业的社会责任三个子维度；人际关系维度是指中层管理者与组织其他成员之间的工作关系和私人关系，包含与上级关系、与下级关系和同级间关系三个子维度；事业发展是指中层管理者在企业内部成长的可能性，包含领导赏识、学习机会、晋升空间、学有所用、制度完善、工作环境和企业发展前景七个子维度。进一步与国内外组织认同结构维度研究比较发现，企业中层管理者组织认同四维度结构模型，充分体现了中国文化背景的特点和企业中层管理者层级性的特征，具有较好的推广价值。

第二，企业中层管理者组织认同测量量表包含情感归属、价值融合、人际关系和事业发展四个维度、12 个测量条目，量表的内部一致性信度 α 值为 0.900。一方面，验证了通过扎根理论获得的企业中层管理者组织认同四维度模型是基本正确的；另一方面，本部分研究开发的企业中层管理者组织认同量表具有较好的信度、效度，可以作为进一步研究企业中层管理者组织认同的测量工具。

第三，企业中层管理者组织认同在人口学变量如性别、年龄、受教育程度方面存在显著差异，而在婚姻状况方面不存在显著差异；企业中层管理者组织认同在组织学变量如企业性质、在本岗位工作年限、企业发展阶段、同级人员规模方面存在显著差异，而在工作年限方面不存在显著差异。

第四，变革型领导显著地正向影响企业中层管理者组织认同的价值融合、情感归属和人际关系三个维度；组织声望显著地正向影响企业中层管理者组织认同的价值融合、情感归属、人际关系和事业发展四个维度；组织公平显著地正向影响企业中层管理者组织认同的情感归属和事业发展两个维度。

第五，企业中层管理者组织认同的情感归属、价值融合、人际关系和事业发展四个维度与企业中层管理者的离职倾向显著负相关；企业中层管理者组织认同的情感归属、价值融合、人际关系和事业发展四个维度与企业中层管理者的反生产行为显著负相关；企业中层管理者组织认同的情感归属、价值融合、人际关系和事业发展四个维度与企业中层管理者的工作满意感显著正相关。工作满意感在企业中层管理者组织认同和离职倾向间起完全中介作用；工作满意感在企业中层管理者组织认同和反生产行为之间的部分中介作用显著，中介效应占总效应的比值为 24.6%。

本书的创新点可能体现在：一方面，在大样本调查的基础上，运用扎根理论探索中国文化背景下企业中层管理者组织认同的内涵及结构维度，弥补了组织认同理论层次性研究的不足，建立的具有实证基础的中国版企业中层管理者组织认同测量量表，为相关学者的后续研究提供了测量工具。另一方面，揭示了企业中层管理者组织认同的影响变量及作用机理，将针对中层管理者的关注点由客观外在表现的能力、素质转变为主观内在的心理认同，丰富了人力资源管理理论，从组织认同的角度探索了企业中层管理者激励的“黑箱”，为企业人力资源管理以及企业中层管理者的自我职业生涯管理提供了理论指导和实践指导。

由于笔者理论水平和研究能力有限，书中难免有疏漏和不当之处，真诚期望各位业界同仁和读者多提宝贵意见。

目录

第一章　绪　论

第一节　研究背景

随着经济全球化、知识多元化和技术创新迅捷化的不断推进，企业的经营环境呈现高度的不确定性，日趋激烈的企业竞争演变成企业执行力高低的竞争。而企业的中层管理者作为介于高层管理者与基层管理者之间的中坚力量，负责将企业高层管理者制定的战略目标转化为基层管理者可执行的清晰作业活动。[1] 中层管理者在企业中是不可或缺的角色，是企业内部的桥梁和枢纽：解读企业战略、制定执行策略，诠释企业的经营理念，做到上情下达；对高层负责，解决基层工作中出现的问题，向上传达基层信息，做到下情上达。塔戴维（2007）曾将中层管理者称为“将不同级别和不同部门的人员聚集在一起的黏合剂”。[2] 中层管理者执行能力的高低直接决定了企业战略的实现程度。[3]要维持企业的正常运转，中层管理者需要同时扮演人际关系协调者（如名义领袖、联络官和领导者等）、信息传递者（如传播者、代言人等）和决策制定者（如战略规划参与者、资源调配者等）等错综复杂的多种角色。[4] 美国麦肯锡咨询公司在对 100 多家世界知名的成功企业进行调研后指出，企业保持持续发展、改革并创造更高价值的关键因素，在于企业是否拥有一批具有懂经营会管理、善沟通愿拼搏等素质的中层管理者。[5] Currie 和 Procter（2005）也认为，一个组织的绩效高低主要取决于中层管理者而不是高层管理者。[6]

中层管理者是企业内部的核心人力资源，是企业核心竞争力的主要来源，是企业目标实现的重要推动力。但是，在企业并购、再造、“瘦身”的浪潮中，一些中层管理者失去了职位，虚拟组织、扁平化组织结构的兴起，又使一部分中层管理者的职位晋升空间显著减小，工作稳定性、安全性显著下降（Thomas 和 Dunkerley，1999）。[7] 外部环境的快速变化，使得一部分中层管理者需要面对更加复杂、模糊、多变的环境（McConville 和 Holden，1999）。[8] 现实工作中，中层管理者的激励问题已成为企业健康长远发展的“软肋”。中科院心理研究所对 3 万余名不同职业人士的调查研究显示，中层管理者的工作压力排名第一。[9] 根据埃森哲公司（Accenture）2007 年对全球中层管理者的调查，20%的中层管理者对其目前所服务的企业不满，并且有同等比例的中层管理员表示正在寻找新的工作。中层管理者的工作满意度过低，甚至低于基层员工，并且中层管理者的离职率远远高于市场平均水平。中层管理者的低忠诚度、高离职率以及低工作满意度等不仅影响团队士气，而且削弱了企业战略的执行能力，影响企业的健康可持续发展。正如沃顿商学院的副院长托马斯·科里根（Thomas Colligan）所说：“高管可以将所有的时间花在战略制定上，但如果没有人来执行，那又有什么意义呢？”由此可见，如何保留并激励企业中层管理者，最大限度地调动中层管理者的工作积极性，成为企业亟待解决的难题。

而在社会认同理论（Social Identification Theory）的基础上发展起来的组织认同（Organizational Identification）理论（Ashforth 和 Mael，1989），[10] 既是组织行为学领域里的一个前瞻性研究课题，又是管理实践中正在兴起的一种新思维。组织认同是指组织成员认知并内化组织价值观，把自己和组织视为一体，从而产生对组织在归属感、自豪感和忠诚度等方面的情感归依。大量研究表明，组织认同与组织公民行为[11]、工作满意感[12]、离职倾向[13]等因素显著相关，组织认同通过影响组织成员的认知和心理来影响其行为，进而对组织绩效产生影响。此外，组织认同的形成有较强的路径依赖性，即组织成员个体所形成的组织认同具有其他企业难以模仿的独特性，从而成为构成企业核心竞争力的主要因素之一。

第二节 研究意义

一、理论意义

通过查阅相关文献，笔者认为关于组织认同的研究尚处于形成过程中。虽然国内外学者对组织认同的内涵及相关变量进行了卓有成效的探讨，为进一步深化组织认同的研究奠定了基础，但组织认同研究尚不成熟，国内外学者仍未能建立一个统一的理论框架和分析体系，而关于中层管理者的组织认同研究也没有查到相关文献。相关学者一般从某类职业群体出发研究组织认同，如大学教师（黎光明和周国华，2012；方建中，2011；李永鑫，2008）、体育教练（张淑芬，2010）、公务员（王彦斌，2012；李旭培，2011）等。但是，由于组织中不同层次的人员对自己及组织有不同的定位和认识，组织认同具有层次性。本研究试图运用扎根理论，研究中国文化情境下中层管理者的组织认同结构维度，填补组织认同理论研究中分层研究的空白；编制中国情境下具有实证基础的中层管理者组织认同量表，为相关学者研究提供借鉴或者研究工具；拓展企业人力资源管理的视角，将针对企业中层管理者的管理由“客观素质”转向“主观心理”，从组织认同的视角对中层管理者激励的“黑箱”进行有益的探索，丰富企业人力资源管理理论。

二、现实意义

当今的时代是一个以经济知识化和经济全球化为特征的知识经济

时代，是一个人才主权时代，是人才“赢家通吃”的时代，是资本追逐“知本”的时代。在这个时代，人才作为科技的载体，人力资本的存量水平和发展状况决定了一个企业的综合竞争力和可持续发展的能力。管理界的一项共识是：企业 80%的绩效取决于占职工总数 20%的管理者，足见管理者对企业绩效的影响之大。而企业中层管理者是企业的中坚力量，他们素质的好与差、能力能否得到充分发挥，直接影响到企业的生产经营和发展。麦肯锡公司的一项调查表明：有的公司能保持持续发展和改革，达到更高的业绩，关键因素不在于高级管理者，而在于一批具有改革才能的中层管理者和专业人才。这些人把高层主管的意愿、工作动能及生产率与市场现实这三股企业发展的动力联结在一起。这些人也是产生未来公司高层领导者的候选人。但是，据人力资源开发网 2009 年的调查显示，中层管理者的整体满意度指数不仅低于高层管理者，甚至低于基层员工，他们的离职率远远高于企业平均水平。如何保留并激励中层管理者，最大限度地调动中层管理者的工作积极性和创造性，成为企业亟待解决的难题。因此，本研究以企业中层管理者组织认同作为研究对象具有重要的现实意义。一方面，本研究在大样本调查的基础上，运用扎根理论探索中国文化背景下企业中层管理者组织认同的结构维度，建立了具有实证基础的中国版企业中层管理者组织认同测量量表，可以作为企业了解中层管理者深层期望的测量工具。另一方面，本研究对企业中层管理者组织认同的影响因素、态度变量以及作用机理的研究，可以为企业针对中层管理者的激励提供理论指导，增强企业中层管理者对组织的归属感和统一感，并进一步影响其行为，使其更倾向于从组织整体利益的角度思考和行动，形成组织独特的、难以模仿的内部凝聚力，在企业内部形成一种共同面对外部竞争环境的竞争力和克服危机的应激力。

第三节 研究设计

一、研究对象

Mintzberg（1989）在自己的研究中将中层管理者定义为位置处在组织的战略最高层和操作层之间的管理人员。[14] 而 Huy（2001）则把中层管理者定义为“处在组织首席执行官以下两层，一线工人和专业人员以上一层的任何管理者”。[15] 借鉴前人研究的经验，本研究将企业中层管理者定义为企业组织中各部门的部长、副部长和主管、副主管。

二、研究方法

1. 经典扎根理论研究

本研究采用扎根理论的方法，通过对 11 家企业 40 名中层管理者进行深度访谈，共计得到 36 份访谈录音，录音整理得到文字稿 40 余万字。运用扎根理论研究方法中的开放式编码、关联性编码和核心编码三级编码技术对原始资料进行分析，通过理论抽样直至理论饱和，本研究得出了中国文化背景下包含价值融合、情感归属、事业发展与人际关系四个维度的企业中层管理者组织认同理论模型。详细研究过程见第三章。

2. 文献研究与理论分析

在广泛、系统地查阅国内外关于组织认同的相关文献基础上，梳理前人研究的结论，准确把握组织认同研究的最新趋势和不足，确定本研究的切入点和拟解决的主要问题。本研究中的文献研究主要涉及以下几方面：第一，对组织认同的内涵、结构维度、前因变量以及结果变量的相关文献进行研究，发现现有研究的不足并确定本研究拟解决的问题；第二，通过文献研究，提炼企业中层管理者组织认同的影响因素并提出相关研究假设；第三，通过文献研究，提炼组织认同对企业中层管理者工作态度的影响变量并提出相关研究假设；第四，结合前人研究成果，对本研究结果进行理论梳理与概括。

3. 访谈研究

本研究采用到的访谈涉及专家访谈和研究对象结构化深度访谈两种形式。专家访谈主要邀请组织与人力资源管理方面的学者、企业人力资源管理者及博士、硕士，进行扎根理论研究结果和相关研究变量测量条款的研讨；结构化访谈主要以来自 11 家企业的 40 名中层管理者为访谈对象，来进行企业中层管理者组织认同结构维度的研究。

4. 问卷调查研究

问卷调查是本研究实证研究阶段的主要方法，企业中层管理者组织认同测量量表的开发、企业中层管理者组织认同的影响因素、对工作态度作用机理研究的数据都是通过问卷调查方法获得。问卷采用李克特五点量表，采用 SPSS 17.0 软件进行数据管理，运用 SPSS 17.0 和 AMOS 7.0 软件进行数据分析，涉及的主要方法包括 T 检验、单因素方差分析、探索性因子分析、验证性因子分析、回归分析等。

三、技术路线

本研究的技术路线如图 1–1 所示。

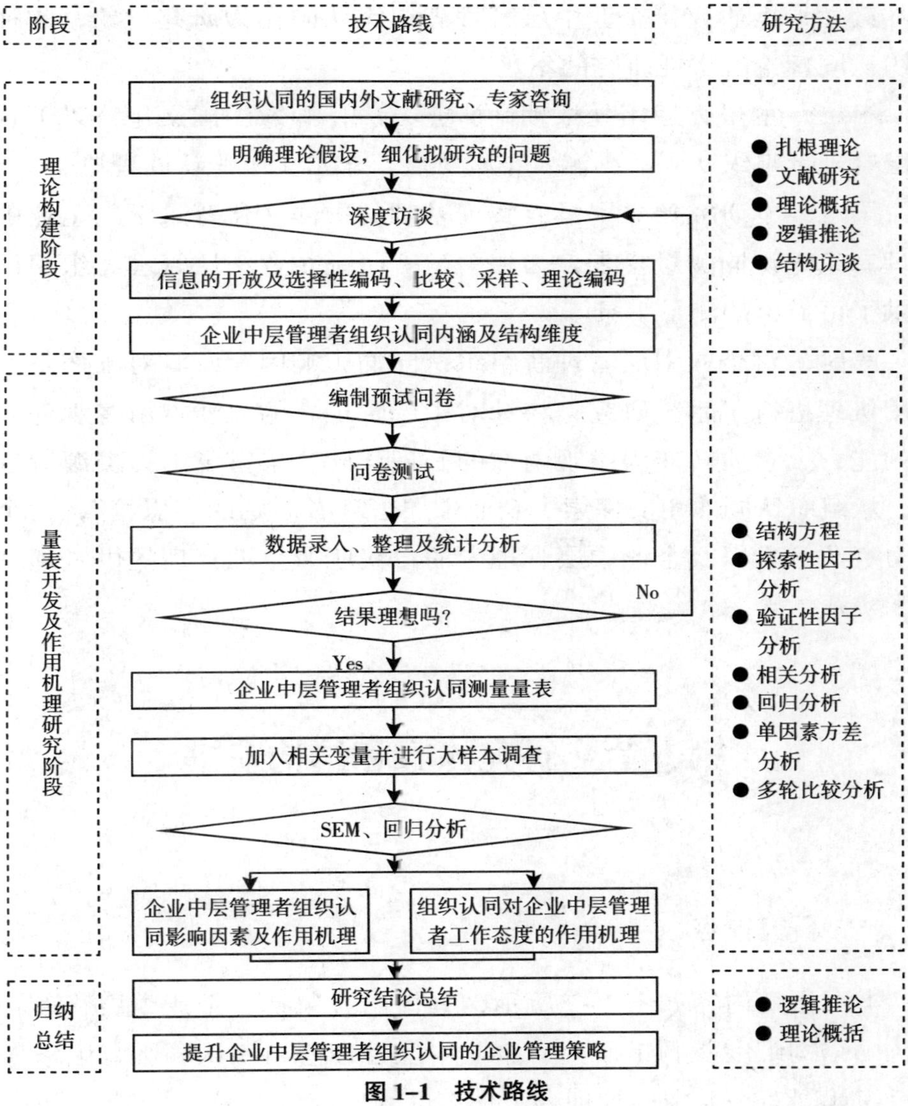

图 1-1 技术路线

第四节 本研究的创新点

本研究的创新点可能体现为以下几方面：

第一，本研究将企业中层管理者组织认同作为研究对象，弥补了组织认同理论层次性研究的不足。

第二，本研究运用扎根理论研究方法，探索中国文化背景下企业中层管理者组织认同的内涵及结构维度，丰富了组织认同理论。

第三，本研究建立了具有实证基础的中国文化背景下的企业中层管理者组织认同测量量表，为相关学者研究企业中层管理者组织认同提供了可借鉴的测量工具。

第四，对企业中层管理者组织认同的影响因素及其对工作态度的作用机理进行了系统研究，将针对中层管理者的关注点由客观外在表现的能力、素质转变为主观内在的心理认同，丰富了人力资源管理理论，从组织认同的角度探索了企业中层管理者激励的“黑箱”，为企业人力资源管理以及企业中层管理者的自我职业生涯管理提供了理论支持和实践指导。

第五节　研究内容和结构安排

一、研究内容

本书研究内容如图 1-2 所示，具体内容包括：企业中层管理者组织认同结构维度及测量研究，企业中层管理者组织认同影响因素研究和组织认同对企业中层管理者工作态度的作用机理三个方面。

二、结构安排

基于本研究的技术路线及研究内容，本书的具体章节安排如下：

第一章：绪论。主要介绍研究背景、研究意义、研究对象、研究方法、技术路线、研究内容、结构安排以及本研究的创新之处。

第二章：组织认同相关理论述评。本章从组织认同的内涵、组织

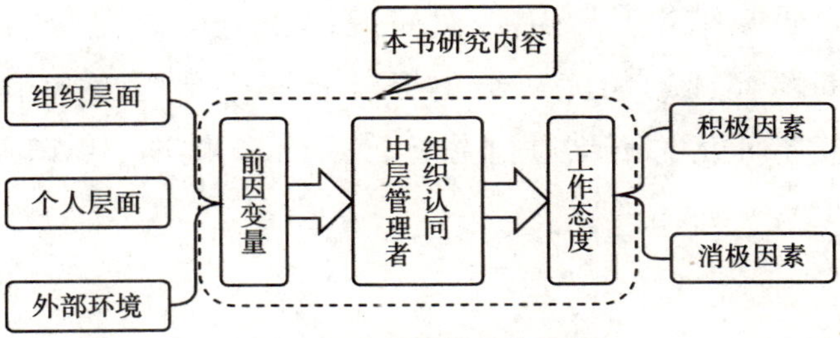

图 1-2　研究内容的界定

认同的前因变量、组织认同的结果变量几个方面对现有研究成果进行了梳理和评价，并对未来研究方向进行了展望。

第三章：基于扎根理论的企业中层管理者组织认同结构维度研究。选取东方电子集团、泰达集团、正海集团、中宠集团等 11 家企业的 40 位企业中层管理者进行深度访谈，借助扎根理论研究方法，通过运用开放编码、选择性编码、理论采样、理论性饱和、理论性编码、写备忘录和手工整理备忘录等技术手段，探索并界定企业中层管理者组织认同的内涵及结构维度，为后续量表开发及影响变量作用机理研究奠定理论基础。

第四章：企业中层管理者组织认同测量量表开发。在前一章基于扎根理论构建的企业中层管理者组织认同结构维度理论的基础上，通过专家咨询和借鉴相关测量量表，运用问卷调查验证企业中层管理者组织认同的结构维度并开发测量量表，为后续的实证研究提供企业中层管理者组织认同的测量工具。

第五章：企业中层管理者组织认同的影响因素研究。结合文献述评和结构化访谈的结果，选取组织公平、组织声望、变革型领导等因素，运用结构方程模型对研究假设进行实证研究，并对企业中层管理者组织认同及各维度在人口学和组织学变量上的差异进行分析。

第六章：组织认同对企业中层管理者工作态度的作用机理研究。在文献评述和结构化访谈的基础上，分析组织认同对企业中层管理者工作满意度、离职倾向和反生产行为等工作态度变量的影响，运用相关分析和回归分析对研究假设进行实证检验。

第七章：研究结论与展望。对研究结论进行讨论分析，从组织行为学与人力资源管理的角度，给出提升企业中层管理者组织认同的管理策略，并对本研究的不足进行分析，指出未来进一步研究的方向。

第二章 组织认同相关理论述评

组织认同（Organizational Identification）概念是在社会认同理论的基础上发展起来的概念。[16] 组织认同既是组织行为学领域里的一个前瞻性研究课题，又是管理实践中正在兴起的一种新思维。Mael 和 Ashforth 于 1989 年首次运用社会认同理论来解释成员组织认同。自此，组织认同引起了专家学者的重视，研究成果逐渐增多。本研究从组织认同的内涵界定、结构维度、前因变量和结果变量几个角度，对国内外关于组织认同的研究成果进行系统梳理，指出了现有研究的成绩和不足，并对未来研究方向进行了展望。

第一节 组织认同内涵研究

“认同”（Identification）一词是由拉丁文的“idem”（相同的、一样的）和 facere（做、使成为……）衍生而来的，其意思为鉴别、辨认，也就是把某人或某物在众多人或物中辨认出来。社会认同论采纳了这个词义，把 Identity 定义为可以将个人与他人分辨开来的个人和社会特征。而相关学者对组织认同的内涵仍未达成共识。不同学者分别从认知、情感和社会学角度对组织认同的内涵进行了界定，如表 2-1 所示。

表 2-1　组织认同定义分类

视角	主要代表人物
认知	Mael 和 Ashforth，1992；Dutton 等，1994；Pratt，1998；徐玮伶和郑伯壎，2002
情感	O'Reilly 和 Chatman，1986；魏钧，2009
社会学	Riketta，2005；王彦斌和赵晓荣，2009

从认知的角度，组织认同被学者们界定为一种个体的单纯认知现象。Mael 和 Ashforth （1992）从认知角度对组织认同的内涵进行了界定，认为组织认同是与组织一致，或是个体对自我归属于某个群体的一种知觉。[17] Dutton 等（1994）认为组织认同是一种个体和组织之间的认知联系，组织认同使员工用组织的特征来定义自己。[18] Pratt（1998）认为组织认同是组织成员对个体价值观和组织价值观一致程度的认知。[19] 徐玮伶和郑伯壎（2002）认为，组织认同是“个体定义自我的一种过程与结果，个体借由归属组织的过程，使自我概念与组织特性发生联结，并因而产生了分类的效果”。[20]

从情感的角度，一部分学者认为，组织认同是一种个体与组织的情感表现。O'Reilly 和 Chatman（1986）从情感角度定义组织认同，即组织认同产生的基础是个体基于与认同目标保持情感满意的自我定义关系的吸引和期望。[21] 魏钧（2009）认为组织认同是组织层面的变量通过个人感受加以吸收后，员工产生的一种主观感受。[22]

从社会学的角度，还有学者把认知与情感两要素结合起来，认为组织认同是一系列相互独立但又相互关联的现象。Riketta（2005）在已有学者观点的基础上提出，组织认同是“个体把自己和组织视为一体的自我认定（社会学角度），它是个体认知并内化组织价值观的结果（认知角度），表现为个体对于组织在归属感、自豪感和忠诚度等方面流露出的情感归依（情感角度）”。[23] 王彦斌和赵晓荣（2009）认为，组织认同是指“组织成员在行为与观念等诸方面与所加入的组织具有一致性，并且成员觉得自己对组织既有理性的契约感和责任感，也有非理性的归属感和依赖感，以及在这种心理基础上表现出的对组织活动尽心尽力的行为结果——组织公民行为”。[24]

第二节 组织认同结构维度研究

在组织认同结构维度研究中，西方学者分别提出了一维说、两维说、三维说、四维说甚至九维说等观点，如表 2-2 所示。

表 2-2 组织认同结构维度

维度	主要代表人物
一维	Mael 和 Ashforth，1989
两维	Karasawa，1991
三维	Patchen，1970；王彦斌，2004
四维	Dick 等，2004；梁双莲，1984；杨杰和刘玲，2010；奚菁和惠青山，2010
九维	孙健敏，2009

Mael 和 Ashforth（1989）认为组织认同是一个单一维度的，只具有认知成分，不包括情感和行为的成分，而情感的成分和行为的意图是组织认同的原因和结果。[10] 他们开发的量表不仅简单明了（仅包含 6 个指标），而且具有较高的信度，因而受到许多研究者的青睐。但也有学者提出质疑，例如，Bergami 和 Bagozzi（2000）指出，该量表涉及的内容主要是关于员工对组织的情感，如"当有人赞美我的公司时，我也会感到自豪"等。[25] Karasawa（1991）将组织认同分为两个维度：一个是对成员身份的认同，另一个是对组织内其他成员的认同。随后他以日本一家职业学校的学生为样本，开发了对组织认同进行测量的工具。[26] 借鉴 Patchen（1970）的组织认同"三维"说，Cheney（1983）设计了一套包括 25 个题目的组织认同测量问卷，内部信度达 0.95，单因素可以解释 86%的变异。[27] 该组织认同问卷现已成为使用频率最高的组织认同量表，比 Mael 的组织认同量表包含了更多的信息量，而且信度更高；但也有学者认为，该组织认同问卷更类似于组织承诺的测量。相比之下，Mael 的量表更能代表组织认同。Dick 等

(2004) 在回顾和评论社会认同理论的基础上，通过验证性因素分析得出组织认同的四个构面：对个人事业的认同、对工作团队的认同、对组织整体的认同以及对职业的认同。其中每一个构面又分为认知、情感、评价和行为四个维度。Dick 的量表采用了积蓄方格技术 (Repertory Grid Technique)，并采用构面和维度相结合的研究方法，第一次尝试在组织背景下研究认同的不同维度。[28]

我国学者也就组织认同在中国文化背景下的结构维度问题进行了积极探索。借鉴 Alderfer (1972) 将人的需要划分为生存、交往和发展的理论，王彦斌 (2004) 提出了组织认同“三维”说，将组织认同分为归属性组织认同、生存性组织认同、成功性组织认同。[29] 我国台湾学者梁双莲 (1984) 提出组织认同包括休戚感、牵连感、忠诚感和疏离感四个维度。休戚感 (Cohesion) 是指组织成员接纳组织目标，介入并关注组织工作，自觉与组织融为一体并分享组织的荣辱与成败；牵连感 (Involvement) 是指组织成员经常参与组织活动，视组织工作为生活的一部分，自认为在组织中居重要角色；忠诚感 (Loyalty) 是指组织成员被组织吸引，自认为与组织目标一致，对组织尽忠职守，并愿意为组织目标努力奉献；疏离感 (Alienation) 指组织成员自认为在组织中人际关系不和谐，疏离工作，不信任他人，对组织冷淡，组织对自己缺乏凝聚力。[30] 杨杰和刘玲 (2010) 利用质性分析软件 Nvivo8，以 32 名兼具心理学知识背景及管理岗位任职经验者为对象，研究发现，组织认同由共享的组织目标和价值观、认知趋同、保持一致和归属感四维度构成。[31] 奚菁和惠青山 (2010) 通过对 30 家家族企业的 960 名员工实施调查，并进行探索性因子分析发现，中国家族企业组织认同呈四因子结构，即发展认同、工作认同、人际认同、文化认同。[32] 孙健敏 (2009) 认为中国背景下组织认同的结构包括了九个维度，其中对组织的归属感、组织吸引力、成员相似性、个体与组织的一致性、个体身份感知、组织参与六个维度与西方学者的研究结果类似，称为“共同维度”；感恩与效忠、人际关系、契约关系三个维度为中国情境下的“特殊维度”。[33]

第三节 组织认同前因变量研究

影响组织认同的前因变量有很多。就现有文献来看，学者们的研究主要从以下几方面展开：

一、个体层面

就个体层面来看，学者们发现工作年限、满意度、成员新鲜感、在组织中的地位等因素会影响个体的组织认同。Mael 和 Ashforth（1992）认为，工作年限、满意度和多愁善感的性格会显著影响成员的组织认同。[17] 也有学者认为，工作年限对组织认同的影响不显著，两者的关系还需要进一步验证。Pratt 等（2006）发现，兽医在组织中的身份、地位会影响其对组织的认同。[34] Boivie 等（2011）研究发现，加强和维护个人自尊心的本能会促进个人的组织认同。[35] 李总演（2001）研究发现，年龄、性别、学历、在组织的工作年限、组织内的职位等个人背景方面的因素会影响组织认同。[36] 申继亮等（2009）通过对 545 位教师的问卷调查，发现组织认同不存在男女性别差异，但会随着年龄的增长而提高，工龄 4~5 年是组织认同增长的拐点，人格特征中的精神质和神经质能够负向地预测个体的组织认同水平。[37]

二、组织层面

就组织层面来看，学者们发现沟通氛围、组织声誉、组织支持、同事关系、职场排斥、领导风格等因素会影响成员的组织认同。Ashforth 和 Mael（1989）提出了影响组织认同的因素框架，两人认为组织的独特性、组织声誉、组织或群体形成因素、圈外人的显著性四种因素可以导致组织认同的出现。[10] Dutton 等（1994）提出了组织形象对员工组织认同影响的理论模型，该模型表明，成员会因归属于组织声誉好的组织而感到骄傲，会感觉自己得到了社会的认可，这种感觉能够提高组织成员对组织的认同。[18] Dukerich 等（2002）通过实证研究发现，一个组织外部形象的吸引力和组织认定对成员的组织认同会产生显著影响。[38] Smidts 等（2001）研究发现，组织沟通氛围显著地影响成员的组织认同。[39] Schrodt（2002）的研究结果显示，组织文化中的“道德”、“团队合作”、“参与”、“信息流”、“监督”、“会议”六个维度与组织认同显著相关，其中“员工感知道德”对组织认同产生显著影响。[40] 魏钧等（2007）认为，组织声誉在对组织认同产生直接正向影响的同时，还通过成员主观幸福感，即积极情感间接影响组织认同。[41] 何立和凌文铨（2010）的研究结果表明，变革型领导对员工的组织认同有非常显著的正面影响，而交易型领导的影响作用比较弱。[42] 秦志华等（2010）以北京市 6 家企业的 294 名员工作为样本，研究发现组织公平能够促进员工组织支持感的形成，进而培育起员工的组织认同感；领导—成员交换质量高时，组织公平更容易形成组织认同；领导—成员交换质量的改善会直接促进组织认同的形成。[43] 吴隆增等（2010）以两家石化企业中的 258 名员工和 102 名主管为研究对象，结果表明，职场排斥对员工组织公民行为具有显著的正向影响，员工组织认同在其中起完全中介作用；员工的集体主义倾向越明显，职场排斥与员工组织认同之间的负向联系就越强。[44] 唐宁玉等（2010）通过对 119 名教职员工的调研发现，社会账户中的原因解释账户以及对合并收益中组织声誉的满意度会显著影响合并后的组织认同。[45]

三、环境层面

Mael 和 Ashforth（1992）认为，组织间竞争程度、组织间差异性会显著地影响成员的组织认同感。[17] 王彦斌（2009）提出，组织面对的组织生存的竞争性环境和社会经济制度会影响成员的组织认同，但未对此进行深入的实证研究。[24] 李永鑫等（2010）通过对 700 名教师施测，考察了组织竞争影响教师组织认同的关系机制。结果表明，外部竞争、内部竞争与教师组织认同呈显著正相关。外部竞争通过两条路径影响教师的组织认同水平，一是外部竞争—组织同一性知觉—组织认同，二是外部竞争—组织同一性知觉—组织声望知觉—组织认同；内部竞争通过组织声望知觉影响教师的组织认同水平，即内部竞争—组织声望知觉—组织认同。[46]

第四节　组织认同结果变量研究

组织认同对组织产生的影响包括合作意图、组织自尊、组织公民行为、工作满意度、离职倾向等几个方面。

Tajfel 等（1979）学者认为，当人们对某种团体产生认同时，会对团体命运有共同感、去个人化等感受，具体表现为成员更愿意与组织保持紧密联系、与同事产生更多的合作意愿、与组织对手展现更多的竞争动力。[47] Swann 等（2004）通过对来自不同组织的子群体进行实验研究发现，较高的组织认同度会导致较低的整体合作和较高的子群体内部合作。[48]

Bergami 和 Bagozzi（2000）认为，组织认同会通过组织承诺的“高兴”和“热爱”两个维度对成员的组织公民行为产生显著影响。[25] Riketta（2005）通过对关于组织认同的 96 篇研究成果进行分析发现，组织认同显著影响员工的角色外行为。[49] Ashford 和 Barton（2007）研究发现，具有高组织认同的员工更愿意采取有利于组织的行为和帮助组织成员。[50] 颜爱民和高莹（2010）对从全国各地获取的 225 份有效数据进行分析发现，组织认同在辱虐管理与员工职场偏差行为中起部分中介作用。[33] 王彦斌（2004）通过对转型期中国国有企业进行实证分析，得出与国外相关研究不同的结论，认为组织认同的“生存性”、“成功性”和“归属性”维度对组织公民行为中的“对组织负责”维度和“对组织热心”维度均无显著影响，这也许与我国国有企业特殊的发展环境有关。[29]

Cheney（1983）认为，组织认同会影响工作态度、组织内的决策、动机、工作表现、工作满意、目标达成等方面。[51] Van Knippenberg（2000）研究表明，组织认同对个体、群体和组织都有重要的作用。[52] Bamber 和 Iyer（2002）认为，员工的组织认同会显著降低组织—职业冲突（OPC）和离职倾向。[53] Dick 等（2004）的研究也表明，员工对团队认同的“情感”维度可显著降低退休意图。[54] 李淑敏等（2010）通过对 3 家企业的 376 份问卷进行调查，发现组织认同在程序公平对工作满意度的影响中存在调节作用，具体表现为与低组织认同的员工相比，当高组织认同的员工得到不利的分配结果时，程序公平对其工作满意度的预测作用更强。[55] Kwon 等（2010）通过对韩国 6 个不同舞蹈队的 156 名专业女舞蹈人员进行调查，发现组织认同影响了工作满意度和组织承诺，并且工作满意度也影响了组织承诺。[56] Peters（2010）通过对泰国航空雇员的研究发现，较低的工作地位会降低员工的组织认同；反过来，较低的组织认同会导致员工较低的组织公民行为，从而造成组织人员的流失。[57]

第五节　简要评述及展望

通过文献回顾可以发现，关于组织认同的研究尚处于形成过程中。国内外学者对组织认同的内涵界定、结构维度、前因变量以及结果变量进行了有益探索，但尚需进一步深化和完善，今后可以从以下几个方面展开研究：

一、组织认同内涵及结构维度的界定研究

虽然国内外学者为清晰界定组织认同概念进行了有益的探索，不同学者分别从认知（Ashforth 和 Mael，1992）、情感（O’Reilly 和

Chatman，1986）、社会学 （Riketta，2005）角度给出了不同的界定，但目前尚未达成共识。内涵界定不清导致研究结论的差异，从而得出组织认同的一维说、两维说、三维说、四维说甚至九维说（Ashforth 和 Mael，1989；Karasawa，1991；Cheney，1983；Dick，2004；王彦斌，2004；孙健敏，2009）。但是，内涵的清晰界定是科学研究的前提，规范统一的组织认同维度、开发科学的量、实现对组织认同的准确测量是开展后续相关研究的前提。

二、组织认同影响变量及作用机制的系统性研究

从现有研究来看，组织认同的前因变量涉及了个体层面的工作年限、满意度、成员新鲜感、成员的组织地位，组织层面的组织声誉、沟通氛围、组织支持、同事关系、职场排斥、领导风格，外部环境层面的组织间差异性、竞争强弱等；组织认同的结果变量涵盖了工作满意度、组织公民行为、离职倾向、基于组织的自尊、合作意图、去个人化等。由于涉及的变量太多，相关研究结论无法对基于组织认同的企业管理实践提供有价值的理论指导，且变量间作用机制研究不够系统、结论不够清晰，一些变量如工作满意度、去个人化等，缺少明确的实证研究。另外，在结果变量方面，绝大部分主要研究组织认同的好的方面，而针对员工对组织不认同的结果则研究较少。因此，今后研究应该通过系统科学的实证研究，力图得出准确的研究结论，为企业管理提供可行的理论指导。

三、关于某层次职业群体组织认同的系统研究

现有文献研究中，只考虑了性别、职业、区域等变量因素，没有考虑组织中职位层次变量的影响。在组织中处于不同层级的成员，由于个人职业生涯规划和对组织未来发展等信息的占有量不同，对组织企业文化、经营理念、发展战略等的理解也会有差异，从而导致其组织认同结构维度的不同。通过笔者前期研究发现，组织认同在不同层

级成员中具有较明显的分层属性。因此，关于组织中某层次人员（如企业的中层管理者）的组织认同，以及在此基础上某层次人员的组织认同的动态演进，可以作为组织认同理论今后研究的一个方向。

第三章　基于扎根理论的企业中层管理者组织认同结构维度研究

通过文献回顾可以发现，目前学术界对组织认同的结构维度没有达成共识，不同的学者得出了组织认同的一维说、两维说、三维说、四维说甚至九维说（Ashforth 和 Mael，1989；Karasawa，1991；Cheney，1983；Dick，2004；王彦斌，2004；孙健敏，2009）。对组织认同结构维度的划分，需要考虑具体的文化背景以及组织成员的层次属性因素，而目前国内外关于组织认同的研究中未见关于组织认同的层次性研究。本章将运用扎根理论（Grounded Theory），构建中国情境下企业中层管理者的组织认同结构维度理论，以填补组织认同层次性研究的空白，丰富企业人力资源管理理论。

第一节　研究设计

一、研究方法

本研究采用扎根理论的方法，通过对资料进行三级编码得出企业中层管理者的组织认同维度。扎根理论是一种比较科学的质性研究方法，最早是由美国社会学家 Glaser Barney 和 Anselm Strauss 提出，强调克服理论与资料间的隔阂，在资料的基础上建立与创新理论。[58] Strauss 和 Corbin（1994）指出扎根理论强调理论的发展，而且该理论根植于所收集的现实资料以及资料与分析的持续互动。扎根理论研究方法是一个不断比较、思考、分析，将资料转化成概念而建立理论的过程。[59]

二、研究样本

在质性研究中，样本选取的标准是该样本能否为所研究的问题提供较为全面的信息。不同于统计学中的概率抽样，质性研究并不严格要求所抽取样本的代表性和全面性。本研究选取胶东半岛地区的东方电子、荏原空调、绿叶制药、中宠集团、正海集团等 11 家企业的40名中层管理者作为研究样本，研究所选取的样本在企业性质、年龄、性别及学历方面有较好的区别性。访谈者具体情况如表 3–1 所示。

表 3–1　被访者资料

变量	项目	数量	百分比
公司性质	民营	22	55.00%
	中外合资	7	17.50%
	外资	2	5.00%
	国企	9	22.50%
年龄	<35	15	37.50%
	35~40	12	30.00%
	41~45	4	10.00%
	>45	9	22.50%
性别	男	25	62.50%
	女	15	37.50%
学历	中专	5	12.50%
	大专	12	30.00%
	本科	18	45.00%
	硕士	5	12.50%

三、资料收集

1. 设计访谈提纲

本研究主要通过深度开放式访谈收集资料。访谈初期设计访谈提纲，主要用于访谈者在访谈过程中引导访谈进程以及访谈后期的资料整理与信息回忆。如表 3–2 所示。

表 3–2　访谈提纲

访谈主题	问题示例	目的	访谈阶段	所占比例
基本信息	您公司的主营业务是什么？ 您是哪一年入职本公司的？	了解访谈对象的基本信息；营造良好的访谈氛围；建立双方的信任关系	初始阶段	10%
组织认同概念	您认为组织认同都包含哪些方面？ 您怎样理解组织认同？	抛出访谈主题，引导被访者展开相关思考	展开阶段	35%
组织认同维度，影响因素及态度变量	您认为哪些因素会影响组织认同？ 您认为，一个组织成员认同一个组织会有哪些表现？	收集被访者的看法、见解；理论抽样访谈时，印证之前得出的概念与范畴	核心阶段	50%
反馈与补充	您还有什么需要补充的吗？	被访者补充信息； 访谈者追问或确认某些问题	结束阶段	5%
致谢	非常感谢您能参与访谈； 如果您之后有新的想法，我们可以随时沟通	致谢，保持联系，为后期理论抽样做好准备	收尾阶段	额外

2. 访谈过程

整个资料收集过程从 2011 年 9 月开始至 2012 年 5 月结束，历时 9 个月。研究初期，选取正海磁材的制造部部长为研究个案，对个案进行深度访谈，并对访谈资料逐级编码分析。在个案分析的基础上，不断进行抽样，陆续走访了荏原空调、绿叶制药等 11 家企业，对40 名企业中层管理者进行了深度访谈，直到访谈不能获得新的信息，即达到理论饱和为止。

访谈中，课题组以小组的形式参与访谈。访谈小组由四人组成：一名是访谈经验丰富的主访者，主要负责启发被访者、发问及控制访谈进程；其余三名为辅助人员，需要有较强的洞察力，主要负责记录访谈过程中被访者的一些情绪变化及行为表现。

访谈主要在被访公司会议室或被访者办公室进行。在取得被访者同意后，对谈话进行全程录音。每次深度访谈时长 60 分钟左右，焦点小组访谈 90 分钟左右。

每次访谈结束后，访谈小组及时整理访谈资料，对出现的新想法及时记录并以备忘录的形式保存。主访者也在访谈技巧方面进行反思，以便下次访谈能更有质量地开展。

3. 转录访谈对话

应被访谈者要求，厚德企业的6名中层管理者的访谈，以2人小组的焦点小组访谈方式进行；由于录音设备故障，一份录音资料（对正海集团市场部长的访谈）未能完整保存访谈过程。因此，课题组访谈过程共获得有效访谈录音36份。每次访谈结束后，项目组成员及时将访谈录音资料转化为文字稿，最终转录得到36份文字稿。访谈文字稿共计40余万字，文字稿中每份字数最少3020字，字数最多15234字。

4. 资料分析软件

本研究采用计算机辅助的方法，借助NVivo8软件进行资料分析。NVivo8是一款质性研究资料分析软件，该软件中以“节点”表示概念或范畴：“自由节点”是资料分析的初级概念；“树节点”下的“子节点”是较为抽象的概念；“树节点”是抽象性最高的范畴。

软件提供了较为强大的编码功能：①在NVivo8中自动编码：将原始资料中的选定内容自动生成节点；②对选定内容编码：选定资料中需要编码的区域，手动输入节点名称；③质询编码：在某一份资料中编码后，可以在其他原始资料中搜寻相关关键词并对其编码，增强编码的准确性，提高编码效率。

软件的编码功能及“自由节点”功能为扎根理论中的一级编码——开放式编码提供了便利。“树节点”、“关系”、“备忘录”等功能是用于建立范畴间联系的工具，利用这些功能可以简化扎根理论中的二级编码——关联式编码的程序。“模型”功能可以整合表现各个概念之间及其内部的结构，并以图形的方式直观表现，提供了理论建构的脉络图。

第二节 扎根理论编码分析

一、开放式编码

开放式编码是指将原始资料初步概念化和范畴化，将原始资料打破、揉碎并用概念或范畴重新组合的过程。在开放式编码中，研究者应保持一种开放的心态，搁置个人的偏见及学术界定论，按资料本身所呈现的状态进行编码。[58]

通过对36份访谈文字稿进行逐字逐句的分析、初步概念化、编码到自由节点，第一轮分析编码后共建立89项自由节点，开放式编码示例如表3-3所示。

表3-3 开放式编码举例

资料内容	开放式编码	
	定义现象	初步概念化
我们领导给我们描述的也是：我们要争取做到全球第一……应该说国内一流，国际领先……	领导者确定长期目标	组织愿景
他是元老级人物，跟着他在这儿学，可以学到很多东西……	直接领导者经验丰富	可以学到东西
领导真正想做事业的话，大家一般都比较认同，也就是说，比较有号召力	认同有事业心的领导者	领导者的事业心
你的同事能不能支持你……给你一个顺畅的环境去工作，是很重要的……	同事支持工作	工作配合
我来的时候房子还没装修……从2000年开始一直到2007年，这七年，在亏损状态下我们坚持下来了	职业生涯初期，企业的困难时期	与企业一起成长
公司听说谁家的小孩出了什么状况了，大家都会自发地组织捐钱……	同事间互帮互助	捐款互助
要是实行强压政策的话，大家干活也不舒心	宽松的领导政策	领导者的领导风格
公司从来不做违法的事情，包括环保啊……油污啊、噪声啊……他至少考虑到了周围的环境……	正确对待环境保护	保护环境
一提起正海集团，人家就说，你们公司工资高，领导都比较不错……	外界对企业正面的评价	企业形象
作为公司负责人，你要去担这个责任……要是万一出了问题，你要把这个责任承担下来	领导者勇于承担责任	领导有责任心

二、关联式编码

在开放式编码中，原始资料得到了一定程度的提炼和抽象，但所建立的各个概念、范畴之间是相互独立的。关联式编码是发现和建立范畴间关系的过程。这些关系可以是因果关系、时间先后关系、语义关系、情境关系、相似关系、差异关系、对等关系、类型关系、结构关系、功能关系、过程关系及策略关系等。[60]

在进行关联式编码时，我们分三步进行：第一步，分析 89 项自由节点，对符合要求的自由节点进行初步合并、归类。合并的标准：合并的节点间有很高的相似性，如我们将“同事的支持”合并到“工作配合”这一自由节点；归类的标准：归类的节点属于同一类别，在不同企业中有不同的体现，如我们将孝亲工资、用餐补助、班车、建职工公寓、为员工举办婚礼等 6 个节点归类到“企业自定福利”节点下。自由节点初步合并、归类后得到 51 个节点，这些节点之间基本达到“不重不漏”的标准。第二步，探究 51 个节点间的关系，再次提升编码的抽象化程度。分析共计得出 16 个子节点：企业文化、领导者价值观、与上级关系、归属感、晋升空间等。第三步，根据子节点间的关系建立具有最高抽象程度的范畴，即树节点，研究中得出 4 个树节点：价值融合、情感归属、事业发展和人际关系。对概念进行抽象化的关联式编码过程如表 3-4 所示。

表 3-4　关联式编码举例

初级概念（自由节点）	与子节点的关系	子节点（概念化）	树节点（范畴化）
组织愿景	一部分	企业文化	价值融合
保护环境	一部分	企业社会责任	
捐款互助	影响	归属感	情感归属
与企业一同成长	影响	归属感	
领导有责任心	影响	安全感	
企业形象	影响	自豪感	
领导者的领导风格	影响	与上级关系	人际关系
工作配合	影响	同级间关系	
领导者的事业心	影响	企业发展前景	事业发展
可以学到东西	表现	学习机会	

三、核心编码

核心编码指在已发现的概念范畴中经过系统的分析后，选择一个“核心范畴”。在进一步的分析中，主要集中在与核心范畴有关的编码上。

根绝凯西·卡麦兹（2009）的观点，核心编码包括下列五个步骤：①明确资料的故事线；②对主要范畴、次要范畴的属性维度加以描述；③提出理论假设，发展或补充资料与相关范畴；④确定核心范畴；⑤在核心类属与次类属间确立逻辑关系，并依据需要填满可能需要补充或填满的范畴。[60] 对 36 份资料分析后确定核心范畴为“组织认同”。

四、信度检测

根据三角检测的原理，以小组的形式对资料编码，由三名人员同时分析编码原始资料，编码完成后通过软件中的“质询—编码比较”功能，对三位人员的编码两两进行信度检验，检验得出信度系数分别为 95%、91%、93%。检验结果表明由扎根理论得到的企业中层管理者组织认同维度稳定，概念、范畴信度良好。

同意度百分比（信度）= 相互同意的编码数/(相互同意的编码数+相互不同意的编码数)

第三节 组织认同四维度模型及内涵界定

通过对访谈资料的三级编码，我们得出企业中层管理者组织认同结构维度模型，如图 3-1 所示。

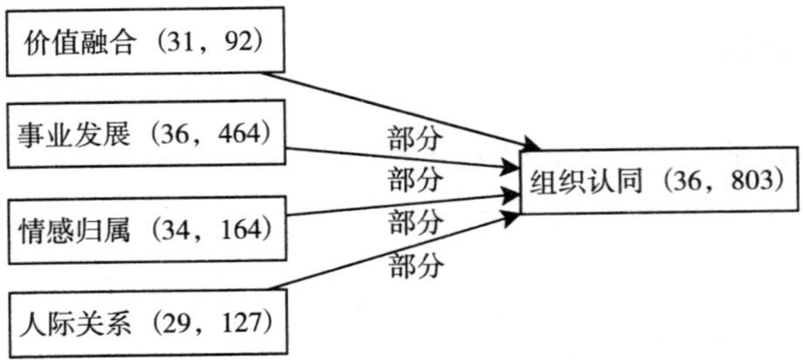

图 3–1　企业中层管理者组织认同结构维度

注：图中括号内数字，前一个表示材料来源数，后一个指参考点数，下同。

企业中层管理者组织认同结构维度中，“价值融合”、“情感归属”、“人际关系”与“事业发展”四个范畴与核心范畴之间是类属关系。对企业中层管理者而言，事业发展是组织认同的主要组成部分。价值融合、人际关系是管理者认同组织的必要条件。情感归属与组织认同是互为影响的关系：一方面，企业的制度规定或自定福利会使员工实现一种“情感归属”的状态，进而影响组织成员的组织认同程度；另一方面，组织认同会对组织成员的心理产生影响，使其产生一种归属感、忠诚感。

四个范畴间的关系：①价值融合是事业发展的牵引动力：事业发展以管理者自我价值的实现为目的或衡量标准，而管理者价值观与企业发展理念相融合——“价值融合”使得中层管理者以实现企业的目标为理念，在推动企业发展的同时实现自身的发展。②情感归属是事业发展的推动因素：管理者对企业产生一种情感上的归属，可以影响管理者工作时的主观心态，良好的心态使得工作可以顺利展开，事业也会有较好的发展。③人际关系是事业发展的重要影响因素：人际关系是否和谐直接影响到中层管理者工作的人文环境，继而影响管理者的事业发展。

通过对访谈材料的编码分析，结合得到的包含情感归属、价值融合、人际关系和事业发展四个维度的企业中层管理者组织认同结构维度模型，我们认为企业中层管理者组织认同是企业中层管理者因为感知到组织价值观与个人价值观的一致性，对组织在归属感、自豪感和安全感等方面流露出情感依托，进而将组织作为个人事业发展平台的行为取向。

第四节 企业中层管理者组织认同结构维度解释

一、价值融合

价值融合是指企业中层管理者的价值观与领导者的价值观以及企业的发展理念具有一致性。价值融合维度包含三个子维度：企业发展理念、领导者价值观和企业社会责任。价值融合结构如图 3-2 所示。

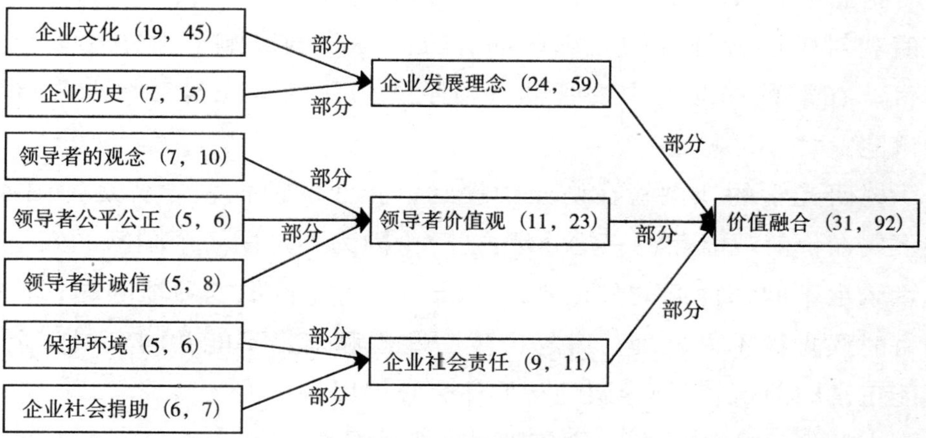

图 3-2 价值融合结构

1. 企业发展理念

企业发展理念主要体现在企业发展历史和企业文化中。一些企业的中层管理者从企业创建或改制初期进驻企业，跟随企业一同成长，对企业的发展历史有深切的体会。他们参与企业文化的建设，对企业文化有较高的认同感，如中宠集团的梁女士说道："我们的企业文化，杨总一直倡导这个企业文化的建设，对公司触动挺大的，他从 2006 年来到现在，这个公司企业文化的建立就是从原来的很松散，到现在……确实变化挺大的。”

另外，一些中层管理者后期进入企业，主要是因为认同该企业的文化。例如，绿叶制药的质检部部长说道：“公司这边，它的价值观和企业文化是最吸引我的方面。原来我也不是在这家公司……感觉这个公司（绿叶制药）还是非常适合自己，就过来了。开始嘛就是做员工，什么职位也不要了，我就是要来享受它的企业文化。”

与基层员工就业时考虑企业的薪酬福利待遇、工作场所环境等物质条件相对应，企业中层管理者选择企业的标准是企业的发展理念是否与自身的价值观具有一致性。认同企业的发展理念是认同某一组织的先决条件。

2. 领导者价值观

企业中层管理者与领导者（企业高层）有更多的接触，领导者的价值观对中层管理者的组织认同有较大程度的影响。对中小型企业而言，在某种程度上中层管理者对企业的认同首先是对企业领导者的认同。

树研光学的汪主管在访谈中提到，企业的前任领导者是韩国人，与下属在价值观上存在一些分歧：“……因为不是同一个国家的人，文化背景也不同，他们的积极观念很强……由于他们的习惯问题，让咱们有时候觉得不太合理，容易产生一些不和谐，不能共同发展，企业不能正常向前走。”领导层的替换使分歧得以解决。

由此可见，领导者的价值观是企业中层管理者组织认同的重要影响因素，认同领导者的价值观是认同企业的必要条件。

3. 企业社会责任

企业是否承担社会责任，也在一定程度上影响中层管理者的组织认同。企业在保护环境与帮扶弱势群体方面的表现不仅可以赢得良好的社会声誉，而且可以增强组织成员对企业的认同感。

正海磁材的制造部副部长很认同企业保护环境的做法：“公司从来不做违法的事情，包括环保啊……油污啊、噪声啊……他至少考虑到了周围的环境。”厚德企业在自然灾害中的表现，也得到组织成员极大程度的认可：“汶川地震后，免费给四川来的女孩做培训”，“1998 年发洪水的时候……因为买不了车，就用一辆货车，拉货的那种货车，把东西捐过去”。

企业承担社会责任虽然不是使组织成员形成组织认同的必备条件，但承担相应的社会责任，会增进组织成员的组织认同程度。企业社会责任是中层管理者组织认同的正向促进因素。

价值融合维度是本研究得出的特殊性维度之一，与基层组织成员相比，中层管理者更多关注企业中精神层面而非物质层面的因素。

二、人际关系

人际关系维度是指中层管理者与组织其他成员之间的工作关系和私人关系。人际关系的子维度是：与上级关系、与下级关系和同级间关系。人际关系结构如图 3–3 所示。

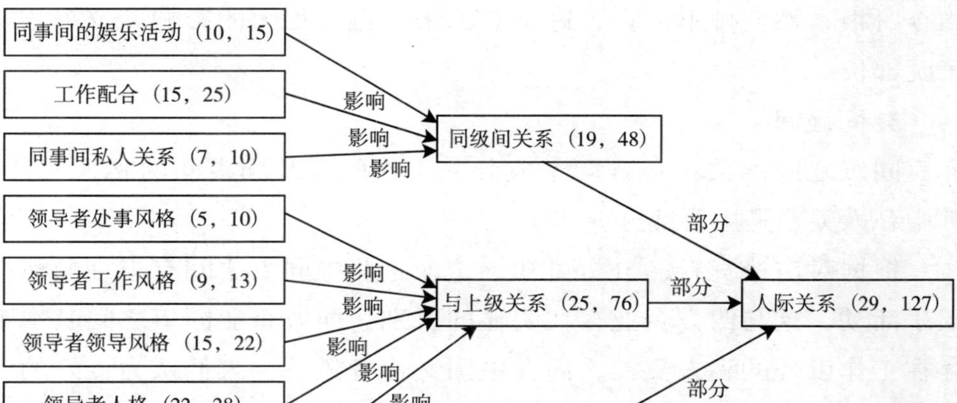

图 3–3 人际关系结构

1. 与上级关系

领导者的领导风格、工作风格以及领导者的人格都会对中层管理与上级之间的关系产生影响。在中国文化的影响下，中层管理者与上级之间经常存在一种“感恩与效忠”的关系。“……就是说领导很信任我，一直很重用我，这就像……知遇之恩，我离职都不好意思”（首钢东星李部长）。大多数中层管理者会认为，自身的发展离不开高层领导的赏识及领导者提供的发展平台和学习机会，这种心理状态下会形成一种感恩与效忠的思想，这种思想会加深与上级之间的关系，推进中层管理者的组织认同。

2. 与下级关系

中层管理者与下级的关系较为简单，一般情况下，与下属的关系不会对中层管理者的组织认同产生实质性的影响，一般是通过影响中层管理者的现有工作状态进而影响中层管理者的组织认同程度。与下级的关系主要体现在工作的执行上：“如果说你的下属干什么活都必须要你手把手教，很多时候很多事情都来反映的话，你的一些计划呀、指令呀根本都安排不下去，这个对你来讲也有很大的影响。”（东方电子阮部长）

3. 同级间关系

同级之间的关系包含两个成分：工作配合及同事间的私人交往，其中私人关系是主要部分。

根据对访谈资料的分析可知，访谈企业中同事之间有丰富的私人娱乐活动，这与西方企业存在明显的区别。西方企业同事之间基本不存在工作以外的私人交往，而在中国文化背景下，人们认为良好的私人交往有利于营造工作场所中和谐的人文环境，使人际关系更为融洽。“那会儿大家都没结婚，经常聚餐，领导也来参加，大家打成一片，很开心”（东方电子陈主任）。在中国文化背景下研究组织内的人际关系，必须考虑到私人关系对正式关系的影响。

人际关系维度是与各个层级组织成员都相关的维度，具有一定的普遍性，但是普遍性中又存在一些特殊性，不同层级的侧重点会有所不同：对于中层管理者而言主要是与上级关系，其次是同级间关系，最后是与下级关系；对于基层员工而言，最主要的是同级间关系，其次是与上级关系，基本不存在与下级关系。即人际关系维度中，与上级关系和同级间关系对中层管理者的组织认同有较大的影响。

三、情感归属

情感归属是指中层管理者与组织建立一致性的过程中所形成的不同情感类型的总称。情感归属含有三个子维度：归属感、自豪感与安全感。情感归属结构如图 3-4 所示。

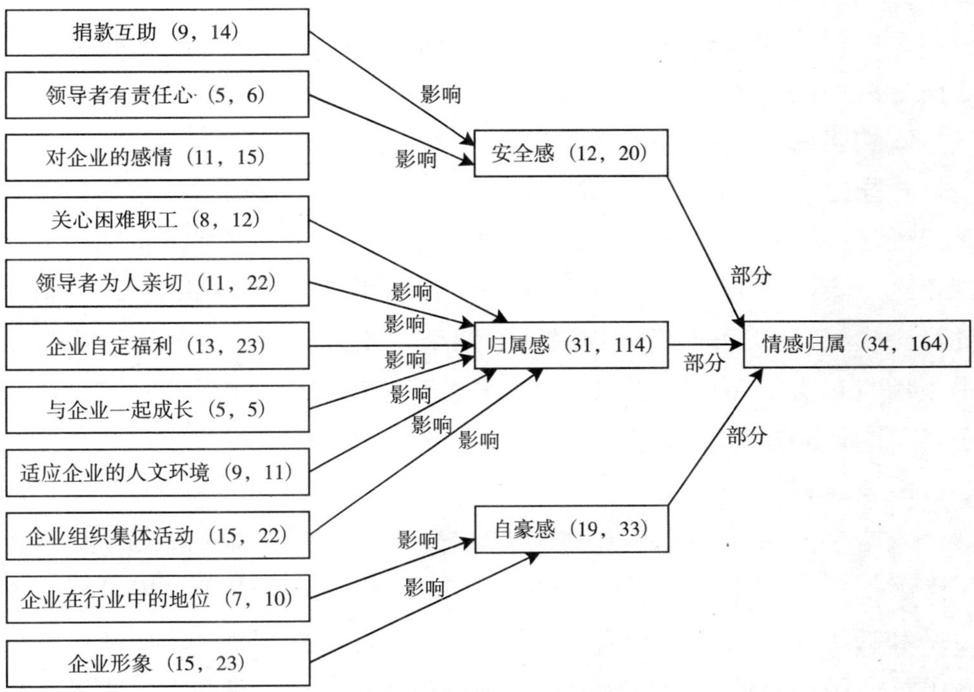

图 3-4 情感归属结构

1. 归属感

归属感包含的子节点最多，这与中国传统文化的影响有关。人们倾向于以群体的状态存在，当个体孤立于某一群体之外，内心会感到明显的不安，促使个体寻找一个可以容纳自己的替代性群体。企业中的非正式组织很好地解释了归属感对个体的重要性。

企业中较多的制度体系，以及领导者的行为表现等都会促进组织成员归属感的形成：①企业中人性化的自定福利设计：为员工举办婚礼（正海磁材）、为员工庆祝生日（绿叶制药）和孝亲工资（泰达集团）等。②工会的日常工作：探望生病职工、困难职工走访及组织集体活动。③领导者自身的行为表现：领导者主动和员工沟通（绿叶制药）；领导者和下属共同进餐（正海磁材、绿叶制药）；领导者主动关心员工子女（厚德企业）；领导者主动帮助员工解决生活中的困难（泰达集团）。组织成员感受到来自企业的人文关怀，容易形成对企业的归属感，与企业建立情感联系，"和企业的感情比较深了，离开会不舍得"（富野集团技术部部长），对企业的认同程度会随着情感联系的建立而逐渐加深。

2. 自豪感

自豪感是企业成员认知企业整体形象的过程中形成的情感类型。自豪感受许多因素的影响：企业在行业中的地位，"从机械方面讲……在烟台这个行业中我们还是不错的……"（富野集团采购部部长）；企业的社会形象，"出去的话，你说到的某个企业大家都知道的话，你对这个组织肯定会有更好的看法"（东方电子阮部长）。自豪感的形成过程也是组织认同建立的过程。

3. 安全感

安全感主要是指组织中的互助基金制度（绿叶制药、泰达集团、正海磁材），可以降低组织成员生活中的风险，为组织成员提供一个安定平和的工作心态。领导者主动承担责任（泰达集团、绿叶制药、正海磁材、厚德企业），也会给员工提供一种工作上的安全感，使工作更加顺畅、高效。

情感归属维度同样是与各个层级组织成员都相关的组织认同维度，具有一定的普遍性。所不同的是，在各类情感类型中，中层管理者最注重自豪感，其次是归属感；基层组织成员最注重安全感，之后才会考虑自豪感和归属感。即归属感和自豪感对中层管理者的组织认同有更大的影响力。

四、事业发展

事业发展主要是指中层管理者在企业内部成长的可能性。事业发展维度是本研究得出的又一特殊性维度，包含七个子维度，分别是：领导赏识、学习机会、晋升空间、学有所用、制度完善、工作环境和企业发展前景。七个子维度涵盖了中层管理者的现有工作状态和短期、中期及长期事业发展。事业发展结构如图 3–5 所示。

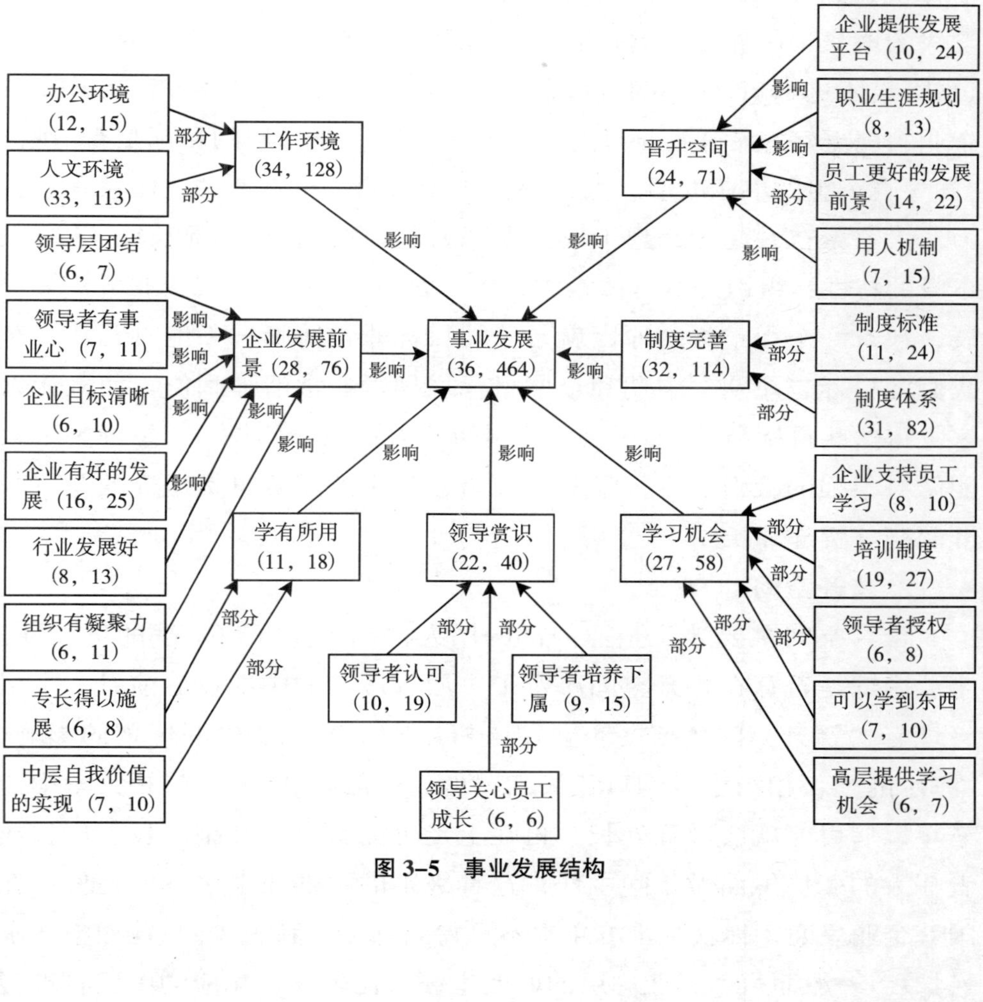

图 3–5 事业发展结构

1. 企业发展前景

企业发展前景主要是指该企业未来良好发展的可能性。通过企业发展前景可以预见中层管理者的长远发展状况。个人的发展受企业发展前景的影响，只有企业存在良好发展的可能性，组织成员才有实现事业良好发展的环境。

企业发展前景受较多因素的影响：①行业的特性：指企业所在的产业是不是朝阳产业，以及产业的宏观政策环境是否有利于企业发展，“中国这个社会可以说一直发展挺迅速的……这几十年呢，工程机械这个行业的发展不说空前绝后，可能也差不多，是一个爆发式的增长……伴随着（行业）快速发展，当然也有这个企业的成长”（富野集团进出口部部长）。②领导层的能力：领导层是否有能力带领企业实现更好的发展，领导者是否有事业心，领导层的目标是否清晰。“领导真正想做事业的话，大家都会比较认同。也就是说，比较有号召力，大家聚在一起，都想干成点事”（正海磁材制造部部长）。③组织本身的特性：组织是否有清晰的目标，是否有凝聚力。“企业可持续发展，还有一个很重要的原因就是公司目标非常清晰……他（总裁）对我们的目标，短期、中期和长期目标规划得非常清晰到位，而且让大家觉得这些目标是可行的”（绿叶制药人力资源部部长）。“绿叶整个大团队有很强的吸引力、很强的凝聚力，到小的团队也是这样的”（绿叶制药外贸部部长）。

2. 晋升空间

晋升空间主要涉及企业内部的用人机制以及职位空缺的可能性。企业内部是否存在晋升空间决定了中层管理者的中期发展前景。中层管理者的晋升空间主要受企业用人机制和个人职业生涯规划的影响。“海尔的处长相当于我们科长级别，他们一般在 27 岁，就是大学毕业三年以后可能就会做到处长，再往上走可能就会做到副厂长、厂长或者在大的工厂里面做车间主任，这种级别的干部非常多。但是你像在国有企业里面，你就是干五年也不见得给你一个科长干”（荏原空调王科长）。一般而言，企业高层的职业生涯会比较长，相应的中层管理者的晋升周期也较长。“公司领导比较年轻，使你上升的空间可能不大”（正海磁材陈部长）。

3. 其他子维度

学习机会主要是指企业内部是否存在较完善的培训制度，领导赏识与否影响组织成员获得学习、晋升机会的可能性。这两个子维度影响中层管理者的短期事业发展前景。

另外，制度完善、工作环境以及学有所用三个子维度，主要涉及中层管理者的现有工作状态：工作本身是不是兴趣所在，能否发挥专长；工作场所的物理环境、人文环境是不有利于工作的开展。“另外，工作的环境……人文环境，顺不顺心，好不好干，搭班子合不合手，这些也很重要”（首钢东星王主任）。

受职位层级的影响，中层管理者注重事业发展、自身价值的实现，而基层员工可能较多地追求职位上的稳定性。因此，事业发展维度是中层管理者组织认同的核心维度。本研究得出的事业发展维度也较为全面，涉及中层管理者的现有工作状态，短期、中期及长期事业发展。

第五节　企业中层管理者组织认同结构维度的比较

本研究基于扎根理论探索得出的包含价值融合、事业发展、情感归属与人际关系四个维度的企业中层管理者组织认同理论模型，具有中国文化背景下的一定独特性和中层管理者层级属性的特点。

一、与西方研究的异同

1. 情感归属

本研究得出情感归属的下级子维度包含归属感、自豪感和安全感。其中，归属感在西方研究中被较多提到，如成员身份认同（Karasawa，1991）、组织成员间相互依赖（Deaux，1996；Brewer，2000）。自豪感在西方研究中也有提及，如对组织强烈的感觉和评价（Deaux，1996）、内群体吸引力（Jackson 和 Smith，1999）。安全感则是在西方研究中较少涉及的。在中国，人们倾向于以群体的方式存在，群体的存在可以将个人所承担的风险分散化，降低风险的损害度。企业中的捐款互助是企业为组织成员分散风险、增加安全感最为有效的方法，也体现出中国企业的特色，是中华文化中互帮互助精神的表现。

2. 人际关系

本研究得出的人际关系维度，从层次上分为与上级关系、同级间关系和与下级关系；从关系的性质上看，既有工作中的正式关系，也有私人关系。在西方研究所提到的维度中，成员关系（Patchen，1970）、对组织其他成员的认同（Karasawa，1991）、组织成员之间的相互作用（Deaux，1996）等都是指组织成员间的正式关系。

维度内涵的差异主要是因为中西方文化中人际交往习惯不同：西方国家以个人为中心，私人关系与工作关系区分明显；中国强调关系、群体，习惯通过私人交往来优化工作场所中的关系。本研究中得出的人际关系维度是带有中国文化特色的组织认同维度。

3. 其他维度

价值融合与事业发展是本研究得出的特殊维度，西方研究中很少提及。这两个维度最大限度地体现出四维度模型的独特性。

二、与国内学者研究的异同

在国内研究中，王彦斌（2004）提出的组织认同三维度模型和孙建敏（2009）提出的组织认同九维度模型比较有代表性。

1. 四维度模型与三维度模型

王彦斌（2004）将组织认同分为三个维度：生存性组织认同、归属性组织认同和成功性组织认同。根据三个维度的解析可以看出，这三个维度与成员需求层次的不断提升相对应。其中，成功性组织认同是组织成员在组织中看到自己的发展目标、自身价值观与组织价值观相一致的认同心理（杜恒波，2012），与本研究中的价值融合维度具有一致性。王彦斌提出的其他两个维度更多地与基层员工的组织认同相对应。

与王彦斌的研究相比，本研究从中层管理者的角度，提出另外三个具有中层管理者特色的组织认同维度：人际关系、事业发展和情感归属。

2. 四维度模型与九维度模型

本研究得出的企业中层管理者组织认同四维度和孙建敏的九维度各维度间的详细比较如表 3–5 所示。

表 3–5 两种组织认同维度比较

本研究提出的四维度结构	孙健敏提出的九维度结构
情感归属	归属感
	组织参与
	组织吸引力（自豪感）
事业发展	价值实现（子维度）
价值融合	一致性（子维度）
	成员相似性
	身份感知
	成员相似性
人际关系	人际关系
	感恩与效忠
无	契约关系

注：九维度中的“一致性”是指个人信仰、目标价值观与组织的一致性。

通过比较可知，此次研究得出的四个维度有更高的抽象层次，可以基本涵盖九个维度。但需要指出的是，因为本研究是针对企业中层管理者，具有一定的特殊性，上文提出的维度之间是基本对应关系而非完全对等，如九维度模型中的“身份感知”和“成员相似性”不仅涉及组织成员对企业价值观的认同，也不仅强调与领导者价值观的一致性；本研究中的事业发展维度也不仅包含“价值实现”子维度。

受中层管理者自身职业层级的影响，基于扎根理论研究得出的组织认同结构维度更侧重于“价值融合”和“事业发展”维度，四维度模型具有较大的特殊性和针对性。同时，“人际关系”和“情感归属”维度虽然具有中层管理者的一些特殊性，但仍是各个层级组织成员都会涉及的组织认同维度，是一种通用型维度。因此，本研究得出的组织认同四维度模型在普遍中带有针对性，具有较好的推广价值。

本章小结

在文献研究的基础上，本研究对 11 家企业 40 名中层管理者进行了深度访谈，共计得到 36 份访谈录音，录音整理得到文字稿 40 余万字。运用扎根理论研究方法中的开放式编码、关联式编码和核心编码三级编码技术对原始资料进行分析，通过理论抽样直至理论饱和，本研究得出了中国文化背景下包含价值融合、情感归属、事业发展与人际关系四个维度的企业中层管理者组织认同理论模型。通过与组织认同三维度、九维度结构模型进行对比分析，我们认为本研究得出的企业中层管理者组织认同四维度结构模型在普遍中带有针对性，具有较好的应用价值，弥补了组织认同层次性研究的不足。

第四章　企业中层管理者组织认同测量量表开发

通过扎根理论分析，我们获得了包含情感归属、人际关系、价值融合和事业发展四个维度的企业中层管理者组织认同理论模型。本章我们将以企业中层管理者组织认同四维度结构模型为基础，开发企业中层管理者组织认同的测量量表，并验证企业中层管理者组织认同四维度结构模型的准确性。

第一节　企业中层管理者组织认同测量条目编制

测量条目的产生一般分为三种方法：一是对国内外成熟量表根据不同研究对象进行修订；二是通过访谈、专家咨询等方式，完全进行自主开发；三是借鉴国内外现有成熟量表，并结合研究对象进行访谈，编制需要的测量条目。本研究采用第三种方法，首先对国内外关于组织认同测量量表的条目进行搜集整理，结合针对企业中层管理者的深度访谈，开发企业中层管理者组织认同测量条目。

一、通过文献搜集组织认同测量条目

20 世纪 80 年代以来，不同学者根据自己的研究结果，提出了不同的组织认同结构维度学说，并在此基础上探索有效的测量工具。国外学者 Cheney（1983）的 OIQ 问卷和 Mael 和 Tetrick（1992）的组织认

同量表是最为著名且最常被使用的；我国学者王彦斌、魏钧等也根据研究需要，构建了各自的基于中国情境的组织认同问卷，如表 4–1 所示。

表 4–1　通过文献搜集组织认同测量条目

维度	测量条款	量表开发者
一维	1. 当有人批评我所在的企业时，我会觉得对我个人是一种侮辱 2. 我对于别人如何看待我所在的企业感到非常有兴趣 3. 当我谈到企业时，我会说“我们如何如何”而非“他们如何如何” 4. 企业的成功也是我的成功 5. 当别人赞美我所在的企业时，我觉得就像是在称赞我一样 6. 如果有传播媒体批评我所在的企业，我会觉得很丢脸	Mael 和 Tetrick，1992
三维	1. 公司的形象能够很好地代表我自己 2. 我认为自己的价值观和公司的价值观非常接近 3. 我认为自己很认同本公司 4. 我为自己身为本公司的一员而感到骄傲 5. 我感到本公司对我是很关心的 6. 我会跟朋友说，本公司是个了不起的公司 7. 我非常高兴自己是在本公司工作，而不是在其他公司 8. 当外人批评本公司时我会感到不愉快 9. 我对公司的工作场所有温暖的感觉 10. 我愿意将自己往后的职业生涯留在本公司度过 11. 员工的努力可由本公司所表现的成绩来体现	Milleretal，2000*
三维	1. 只要是自己承担下来的工作，我都会努力完成 2. 我对待单位工作上的事从不马虎 3. 我会主动向外单位的人介绍自己单位的优点或澄清误解 4. 我总是积极参加单位组织的各种岗位技能培训 5. 我下班后常利用业余时间学习、钻研岗位技术 6. 我常留意单位在决策、规定、人事方面的变动与发展 7. 如果同事工作量加重，我会向他们伸出援助之手 8. 即使不是工作中正式要求的事，我也会自愿做好它 9. 单位遇到困难时，我会和同事一起商量解决办法 10. 我一般不会为单位做额外的工作 11. 工作时我不会花太多的时间在没意义的交谈上 12. 如果没人注意，有时候我做工作就不那么认真	王彦斌，2007
三维	1. 我的上司经常关心我的工作，给予我工作上的指导和帮助 2. 我的上司时常关心我的生活，能够主动为我提供便利 3. 我认为我的上司特别有个人魅力 4. 我很幸运地遇到了一个器重我的上司 5. 我很感激我的上司，因为他教给了我许多东西 6. 我的上司能积极地对我的工作做出反馈 7. 当有人称赞组织时，我会觉得好像我自己被赞美了 8. 组织的成功就是我的成功 9. 我为自己能够参与公司的大型活动而激动 10. 公司所坚持的价值观对我很重要 11. 当有人批评组织时，我会觉得好像我自己被侮辱了 12. 当看到公司的广告时，我觉得很开心	王华，2008

续表

维度	测量条款	量表开发者
三维	13. 这家公司在整个行业中是非常优秀的 14. 在这家公司工作，我能够接触到许多信息和资源，这是同行其他公司所不能提供的 15. 总的来说，这家公司的薪酬福利政策比同行其他公司好 16. 我的朋友都很羡慕我现在的工作 17. 在本行业，这家公司的理念相对比较先进 18. 据我所知，这家公司的社会声誉很好 19. 当同事工作繁忙的时候，我愿意主动为他们分担一些工作 20. 当同事面临生活上的困难时，我愿意不求回报地帮助他们 21. 我很喜欢与公司同事一起发现问题、解决问题 22. 在日常工作中，同事们对我很热情 23. 我充分信任我们部门的同事	王华，2008

*注：此量表的原开发者为 Cheney（1983），Milleretal（2000）修订。

Patchen（1970）认为组织认同包括成员资格、忠诚和相似性三个维度。[61] Cheney（1983）在这一理论的基础上，设计了一套最初为30个项目，后来优化为25个项目的组织认同测量问卷（简称OIQ），内部信度高达0.95。[27] 但后续研究者一直对OIQ的维度问题存在争议，Jackson（1999）支持了Cheney的多维观点，认为OIQ是一阶4因素二阶2因素的多维模型；[62] 而Schrodt（2002）[63] 的研究认为OIQ是一个单维度结构。Miller（2000）[64] 修订后的问卷包含11个条目，该组织认同问卷现已成为使用频率最高的组织认同量表。OIQ比Mael的组织认同量表包含了更多的信息量，而且信度更高；但也有学者认为，该组织认同问卷与组织承诺的测量问卷存在一定的重叠，相比之下，Mael的量表更能代表组织认同。

Ashforth和Mael（1989）认为组织认同只包含单一维度的认知结构。[65] 在此基础上，Mael和Tetrick（1992）开发了包含6个条目的问卷来测量个体的组织认同。如“当我谈到企业时，我会说我们如何如何，而非他们如何如何”；“当别人赞美我所在的企业时，我觉得就像是在称赞我一样”等。该量表简单明了，而且信度比较高，内部一致性α系数达到了0.85，因而受到很多学者的青睐。[66] 但有一些学者如Bergami和Bagozzi（2000）指出，从其量表的问项中可以发现，该量表涉及的内容很可能触及情感状态。[25]

王彦斌（2007）认为组织认同是包含认知维度、情感维度和行为维度的三因素结构模型。其开发的量表中包括12个测量项目，主要从需求的角度形成量表，如“在这个单位能得到比别的单位更多的收入”;“在单位的工作有助于他们个人的发展与提高”等。问卷将一个问题分为“主我”和“他我”两部分，人们从主我和他我的不同题项，对自己的组织认同分别进行测量。在分别测量的基础上，把两个题项的得分加总并除以2，就得到关于某一具体题项的整合测量结果。[67]

王华（2008）认为中国文化背景下的组织认同与西方情境下的组织认同存在差异，并在中国的组织认同定义中加入了对领导的情感、对同事的和谐处世方式两个维度，如“我认为我的上司特别有个人魅力”；“我很喜欢与公司同事一起发现问题、解决问题，”这有别于西方的组织认同维度。通过发放问卷、数据收集，并进行探索性因素，该量表的内部信度达到了0.70以上，进而对量表进行验证，所有的拟合指数都表明数据与模型拟合得非常好。由此，王华得到了一个信度和效度均良好的测量组织认同的23个项目的量表。[68]

通过文献研究可以发现，组织认同的量表开发都是以一定的结构维度划分为理论基础的，而现有文献没有专门针对企业中层管理者组织认同的研究。在组织中处于不同层级的成员，由于个人职业生涯规划和对组织未来发展等信息的占有量不同，对组织企业文化、经营理念、发展战略等的理解也会有差异，从而导致对其组织认同结构维度的不同，因此，需要开发专门的问卷来测量企业中层管理者的组织认同。现有文献中关于组织认同测量的项目，可以为开发中国文化背景下企业中层管理者测量条目提供宝贵的借鉴经验。

二、通过深度访谈搜集组织认同测量条目

本研究选取11家企业的40位中层管理人员进行深度访谈，访谈样本中22位来自民营企业，9位来自国有企业，7位来自中外合资企业，2位来自外资企业。每一位中层管理者的访谈时间均控制在40~60分钟，在征得被访谈者同意的前提下，我们对访谈过程进行了全程录

音，并有两名访谈助手随时记录被访谈对象的表情、语气等即时反应情况。访谈结束后，由访谈助理将音频文件转化成文字资料，最终形成了 40 万字的访谈记录。

在访谈过程中，我们要求被访谈者详细地谈论他们自己对于组织认同的想法以及他们对所在企业的认同方面，如“你觉得会从哪些方面影响中层对公司的组织认同”，“你觉得公司的哪些方面是你比较认同的。”访谈结束后，由一名组织与人力资源管理方向的博士生和两名人力资源管理方向的硕士生对访谈文字资料做内容分析，逐句逐字进行编码，把编码中存在共性的回答加以分类和总结，如表 4–2 所示。将具有代表性的语句提炼生成测量条目，如“我觉得自己的价值观与公司的价值观很相似”，“我的领导是个容易亲近的人”，“在公司能够得到施展才能的机会”。

表 4–2 访谈结果编码描述

维度	编码（频率描述）
价值融合	企业文化（19，45）；企业历史（7，15）；领导者观念（7，10）；领导者公正公平（5，6）；领导者讲信用（5，8）；保护环境（5，6）；社会捐助（6，7）
人际关系	同事间娱乐活动（10，15）；同事间工作配合程度（15，25）；私人关系（7，10）、领导者处事风格（15，22）；领导风格（15，22）；领导者人格（22，28）；领导者的信任（5，5）；下属支持（7，7）
情感归属	捐款互助（9，14）；领导者有责任心（5，6）；对企业的感情（11，15）；关心困难职工（8，12）；领导者亲切和蔼（11，22）；企业福利多样化（13，23）；能与企业一起成长（5，5）；企业内人文环境（9，11）；企业集体活动（15，22）；企业在行业中的地位（7，10）；企业形象（15，23）
事业发展	办公环境（12，15）；人文环境（33，113）；领导团结（6，7）；领导者事业心（7，11）；企业发展目标清晰（6，10）；企业前景好（16，25）；所在行业发展好（8，13）；组织有凝聚力（6，11）；专长得以发挥（6，8）；自我实现（7，10）；领导认可（10，19）；领导关心员工发展（6，6）；领导注意培养下属（9，15）；企业提供发展平台（10，24）；职业通道清晰（8，13）；上升空间（10，22）；用人机制（7，15）；制度体系（31，82）；支持员工学习（8，10）；培训制度（19，27）；授权（6，8）；可以学到东西（7，10）；领导提供学习机会（6，7）

注：编码频率描述中括号内数字，前一个为材料来源数，后一个为访谈者提及次数。

三、企业中层管理者组织认同量表的生成

我们邀请组织行为研究方面的三位专家进行研讨，参考 Cheney、Mael 和 Ashforth、王彦斌、王华等的组织认同测量量表，进行测量项

目的筛选并对测量项目进行信度和内容效度的检验。测量项目的筛选参考两个标准：①删除与企业中层管理者的组织认同无关的项目；②删除有歧义或者表述不清的项目。而且，在考虑测量项目的数量时，我们要求专家尽量减少原有数量而不是增加，因为测量项目越少，越可以减少被调查者因厌烦和疲劳而带来的偏差。经过三轮筛选和讨论，最终得到 24 个测量项目。其中，8 项是由本研究开发，16 项来自其他学者开发的组织认同量表条目。

在实证研究中，李克特量表被普遍用于项目的衡量中。对于应采用几点量表，学者 Berdie（1999）根据研究经验提出以下看法：三点量表限制了温和意见和强烈意见的表达，五点量表则正好可以表示温和意见与强烈意见之间的区别。[69] Lissitz 和 Green（1975）的研究证明，五点李克特量表的 Cronbach's α 值最大。[70] 因此，本研究采用李克特五点量表对项目进行衡量。将研讨确定的 24 个项目编制成李克特五点量表，从“完全不同意”到“非常同意”，编制成中层管理者组织认同的初始量表，如表 4-3 所示。

表 4-3　企业中层管理者组织认同初始量表

维度	指标
情感归属	a1 作为本公司的一员，我感到很自豪
	a2 公司能给我一种“家”的感觉
	a3 我能够感觉到单位对我生活上的关心
	a4 当外界批评我所在的企业时，我个人会觉得尴尬
	a5 我们公司员工遇到困难时，能得到公司的帮助
人际关系	a6 公司同事之间会共享一些工作经验
	a7 公司中有私人关系亲密的同事
	a8 我在工作上可以得到同事的支持
	a9 我的领导是个容易亲近的人
	a10 我们公司同事关系很融洽
事业发展	a11 公司能够给我提供施展才能的机会
	a12 我的领导很欣赏我
	a13 我的领导能给我提供工作上的指导
	a14 在这家公司，我可以学到很多东西
	a15 公司可以为我提供培训、进修的机会
	a16 在公司中有较大的晋升空间
	a17 公司有较完整的制度体系
	a18 公司具有较好的发展前景

续表

维度	指标
价值融合	a19 我觉得自己的价值观与公司的价值观很相似
	a20 本公司在社会上的形象能够很好地代表我的形象
	a21 我很愿意在本公司度过我职业生涯的剩余时间
	a22 我很高兴选择了本公司而不是其他公司
	a23 当我谈到企业时，我会说“我们”而非“他们”
	a24 企业的成功也是我的成功

第二节 探索性因子分析

通过前一阶段的检验，测量项目的内容充分性已经有了保证，但是我们仍然需要进一步对测量项目的数量进行精减，删除那些概念上不一致的测量项目。这就需要应用定量的方法，在本研究中我们采用探索性因子分析来对测量项目进行精减。我们借助问卷星网络平台发放问卷，通过复制问卷网址的方式，将问卷发送到被调查者邮箱。发放初试问卷 300 份，共收回 259 份；我们对每一份问卷都认真检查筛选，对于数据不全或者没有诚实作答的问卷予以删除，得到有效问卷 227 份，有效回收率为 75.67%。样本的平均年龄为 35 岁，平均受教育年限为 14.17 年，在本公司工作年限为 8.52 年。在这些被试者中，男性员工占 46.71%，女性员工占 53.29%。在数据收集过程中一个关键的问题是样本量的大小，因为探索性因子分析易受样本量的影响。Guadagnoli 和 Velicer（1988）发现，在大多数情况下，有 150 个观测样本就足以进行探索性因子分析。[71] 我们的观测样本为 227 份，因此足以进行探索性因子分析。

在运用因子分析方法对量表进行分析时，首先要确定各测量项目之间是否具有共同变异性。若测量项目间有共同变异性存在，则

Bartlett 球体检验的 P 值接近于 0，而 KMO 的测量数值在 0.7 以上，才能进行因子分析。从表 4-4 中可以看出，KMO 为 0.932，接近 1，显著；Bartlett 球体检验的卡方值为 3139.539，P 值非常接近于 0，显著。因此，说明样本适合进行因子分析。

表 4-4 KMO 和 Bartlett 的检验

取样足够度的 Kaiser-Meyer-Olkin 度量		0.932
Bartlett 的球形度检验	近似卡方	3139.539
	df	276
	Sig.	0.000

在进行因子分析前，对各个构念的测量项目之间的相关关系都需要进行检查，如果其中一个测量项目与总体量表的相关系数的绝对值都小于 0.5，那么就可以删除这个测量项目。低相关度表示该测量项目不是来自构念所在的范围，会带来误差，降低量表信度。经过对24 个测量项目的相关矩阵分析，我们删除了相关系数小于 0.5 的两个测量项目，保留了 22 个测量项目。

通常认为，测量项目在因子上的载荷绝对值应最少达到 0.4。我们删除旋转后因子负荷小于 0.4 或者同时在两个因子上的负荷都大于 0.4 的测量项目，最终保留 17 个测量项目。我们采用正交转轴的主成分分析法，得到如表 4-5 所示的旋转成分矩阵。根据各个因子的测量项目构成，将因子负荷量大于 0.5 者集结成一个因子，并为之命名为事业发展/价值融合、情感归属和人际关系。总体能够解释的方差为 60.92%。

表 4-5 探索性因子分析结果

题项	成分		
	事业发展/价值融合	情感归属	人际关系
a1 作为本公司的一员，我感到很自豪	0.592	0.273	0.309
a14 在这家公司，我可以学到很多东西	0.623	0.220	0.158
a15 公司可以为我提供培训、进修的机会	0.711	0.208	0.035
a16 在公司中有较大的晋升空间	0.701	0.180	0.235
a17 公司有较完善的制度体系	0.689	0.177	0.138
a18 公司具有较好的发展前景	0.773	0.185	0.128

续表

题项	成分		
	事业发展/价值融合	情感归属	人际关系
a20 本公司在社会上的形象能够很好地代表我的形象	0.789	0.128	0.271
a23 当我谈到企业时，我会说“我们”而非“他们”	0.678	0.212	0.306
a24 企业的成功也是我的成功	0.715	0.051	0.301
a2 公司能给我一种“家”的感觉	0.386	0.749	0.183
a3 我能够感觉到公司对我生活上的关心	0.245	0.901	0.113
a5 我们公司员工遇到困难时，能得到公司的帮助	0.163	0.902	0.116
a6 公司同事之间会共享一些工作经验	0.093	0.026	0.733
a8 我在工作上可以得到同事的支持	0.162	–0.034	0.749
a9 我的领导是个容易亲近的人	0.282	0.295	0.616
a10 我们公司同事关系很融洽	0.290	0.263	0.616
a12 我的领导很欣赏我	0.372	0.291	0.486

第三节 验证性因子分析

验证性因子分析通常需要再重新选取一个新的样本，根据刘军（2008）的观点，样本量与测量项目的比例应在 5:1 以上，且最小样本量为 100。[72] 我们运用在山东省企业中层管理干部培训班上进行面对面调查收回的 227 份有效问卷，采用最大似然法进行验证性因子分析。

首先，将通过探索性因子分析得出的三因素模型作为原始模型，进行验证性因子分析。得到的三因子模型（17）的拟合指数如表 4–6 所示。其次，根据我们通过定性研究得出的企业中层管理者组织认同的四个维度，进行四因素模型（17）的验证性因子分析。在此之前，结合三因素模型（17）中测量项目的含义进行分析，将测量项目20、23 和 24 归于“事业发展/价值融合”因子下；再根据三因素模型（17）中的拟合指数和修正指数，将测量项目 1、6、12、15 和 17 删除；再进行四因素模型的分析，即将三因素模型（12）中“事业发展/价值融合”维度拆分为两个因子“事业发展”（测量项目 14、16 和18）和“价值融合”（测量项目 20、23 和 24）。由四因子模型（12）得到的拟合指数如表 4-6 所示，四因子的修正模型如图 4-1 所示。

表 4-6　结构模型拟合指数结果比较（n = 227）

	χ^2	df	χ^2/df	GFI	RMSEA	NFI	CFI
三因子模型（17）	376.743	116	3.248	0.827	0.100	0.838	0.881
三因子模型（12）	220.917	51	4.332	0.848	0.121	0.868	0.895
四因子模型（17）	258.735	113	2.290	0.886	0.076	0.889	0.934
四因子模型（12）	93.866	48	1.956	0.939	0.065	0.944	0.972

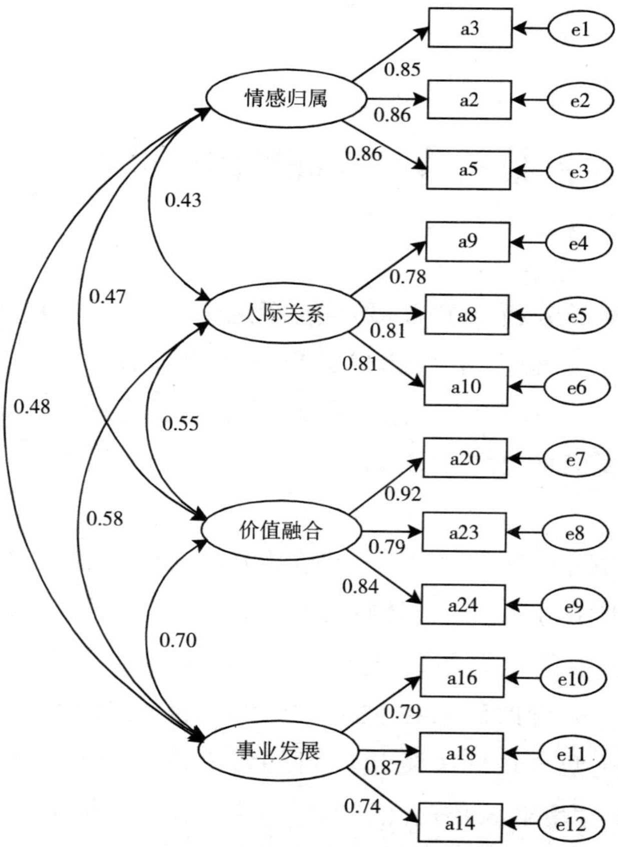

图 4-1　企业中层管理者组织认同四因子模型（12）

通过比较各个模型的拟合指标，我们发现，四因子模型（12）的数据拟合程度比三因子模型（12）的数据拟合程度高：χ^2/df 为 1.956 符合小于 5 的标准；RMSEA 为 0.065，符合小于 1 的合格标准；GFI 为0.939、NFI 为 0.944，接近优秀的标准；CFI 为 0.972，达到了优秀的标准。通过各指标的综合判断，我们可得出以下结论：假设的因子结构通过了检验，说明通过定性研究得出的企业中层管理者组织认同的四个维度结构是基本正确的。

第四节 量表的信度和效度检验

本研究中对企业中层管理者组织认同测量量表进行检验时，信度检验主要分析量表的内在一致性信度和构建信度（Construct Reliability，CR）；效度检验主要考察量表的内容效度和构建效度（Construct Validity，CV）。

一、内在一致性信度

最常用于评价内在一致性的信度指标是 Cronbach's α。Cronbach's α 值越大，说明测量项目间的相关度越强，也说明这些测量项目确实反映了所要测量的内容域。根据 Henson（2001）的观点，如果以发展测量工具为目的，信度系数在 0.70 以上，才表示测验分数是可靠的；如果信度系数在 0.80 以上，说明问卷有较高的信度。[73] 本问卷总量表的 Cronbach's α 值为 0.900，情感归属、人际关系、价值融合、事业发展的 Cronbach's α 值分别为 0.892、0.834、0.884、0.836，说明具有良好的测量信度。

二、构建信度

建构信度反映的是某潜在变量的观察变量间内部一致性程度的高

低。一般认为，CR 的最低可接受值为 0.5。Bagozzi 和 Yi（1988）认为，组合信度在 0.60 以上，就表示该潜在变量的组合信度良好。[74] Diamantopoulos 和 Siguaw（2000）也认可此观点。[75] CR 在AMOS 报表中不能直接呈现，CR 计算公式如下：

$$CR = (\sum\lambda)^2/[(\sum\lambda)^2 + \sum\theta] \tag{4-1}$$

式中，CR 为构建信度；

λ 为观测变量在潜变量上的标准化参数，即标准因素负荷量；

θ 为指标变量的误差变量。

由表 4-7 可知，各影响因素的构建信度都大于 0.6 的良好标准，说明企业中层管理者组织认同量表的构建信度满足要求。

表 4-7　企业中层管理者组织认同量表的构建信度与聚合效度

维度	CR	AVE
情感归属	0.892	0.734
人际关系	0.842	0.640
价值融合	0.889	0.725
事业发展	0.843	0.643

三、内容效度

本研究从以下几个方面保证了问卷的内容效度：①测量条目是在对来自 11 家企业的 40 位企业中层管理者深度访谈的基础上，由一名组织与人力资源管理方向的博士生和两名企业人力资源管理方向的硕士研究生，运用内容分析法编码产生的；②参考了国内外成熟的组织认同测量和维度结构；③在三位专家反复研讨的基础上，对测量条目进行精减修订。

四、构建效度

构建效度反映的是实际开发的测量条目与理论构想的吻合程度。本研究借鉴耿先锋（2008）的观点，[76] 从聚合效度和区别效度两个方面来考察企业中层管理者组织认同的构建效度。

聚合效度主要是测量同一个构念维度的各个题项之间的相关性如

何。对聚合效度我们通过平均方差抽取量（Average Variance Extracted，AVE）进行检验，计算结果如表 4-7 所示，企业中层管理者组织认同包含的情感归属、人际关系、价值融合和事业发展四个维度的 AVE 都大于 0.5，量表的聚合效度要求得到满足。

区别效度反映的是问卷中不同的测量条目是否能够测量不同的因子。对区别效度的检验，我们借鉴 Fornell 和 Larcker（1981）的研究方法，将不同潜变量 AVE 的均方根与不同变量直接的相关系数进行比较，如果各个潜变量 AVE 的均方根大于其直接相关系数，则表明问卷具有较好的区分效度。[77] 如表 4-8 所示，企业中层管理者组织认同中情感归属、人际关系、价值融合和事业发展四个维度之间的直接相关系数小于其 AVE 的均方根，表明量表具有较好的区别效度。

表 4-8 企业中层管理者组织认同量表 AVE 的均方根与相关系数

	情感归属	人际关系	价值融合	事业发展
情感归属	**0.857**			
人际关系	0.43	**0.800**		
价值融合	0.47	0.55	**0.851**	
事业发展	0.48	0.58	0.70	**0.802**

本章小结

本章通过量化研究过程，验证了企业中层管理者组织认同是一个包含情感归属、人际关系、事业发展和价值融合的四维度结构。以此为基础编制的包含 12 个条目的企业中层管理者组织认同测量量表，总量表的 Cronbach's α 值为 0.900，情感归属、人际关系、价值融合、事业发展的 Cronbach's α 值分别为 0.892、0.834、0.884、0.836，量表具有良好的信度和效度，可以作为进一步研究企业中层管理者组织认同的测量工具。

第五章　企业中层管理者组织认同的影响因素研究

通过前面章节的研究，我们获得了中国文化背景下针对企业中层管理者组织认同的测量方法。那么，企业中层管理者组织认同的影响因素有哪些呢？不同的人口学（年龄、性别、婚姻状况、受教育程度等）和组织学特征（工龄、企业性质、规模、发展阶段、同级人员规模等）在组织认同各维度上是否有差异呢？本章就针对这两个问题进行深入的研究和探讨。

第一节　模型构建与假设提出

一、访谈调查及模型构建

为了了解企业中层管理者对组织认同影响因素的认识，我们选取荏原空调、绿叶制药、正海集团、光学树脂、泰达集团、中宠食品、东方电子等 11 家企业的 40 名中层管理者作为研究样本，围绕“中层管理者对组织的认同可能表现在哪几个方面？您能不能具体谈一下这种表现的原因呢？”这一焦点，进行深度访谈。访谈同样遵循“饱和”原则，即当访谈内容中不能再产生新的内容时，我们认为达到理论饱和，停止继续访谈。[72] 访谈资料影响因素提炼过程示例如表 5-1 所示。

表 5-1 组织认同影响因素访谈资料提炼过程示例

典型语句示例	精炼描述	因素提炼
我们领导给我们描述的也是，我们要争取做到全球第一……应该说国内一流，国际领先……（正海集团王部长）	领导能够给大家描绘鼓舞人心的未来	变革型领导
前段时间我们公司获得烟台市的科技进步最高奖，报纸上头版头条，还有第三版都有一些报道……这些是非常荣耀的，我们自己也感到非常荣耀。（绿叶制药李部长）	组织的外部评价很好	组织声望
中层离职率很低，对工资还是较为满足……公司对员工工资的决定都是明确的，只要你努力，完全可以达到自己想要的高度。（树研光学项目主管）	报酬合理	组织公平
因为如果你待在这个组织的时间越长……可能你对组织的个人感情会多一些……有些以前看不惯的事情可能会慢慢接受……可能过去的一些看法会慢慢转变。（东方电子阮部长）	工作年限	组织学因素
就咱们这个女性主管来说，确确实实没结婚之前和结婚之后，直到后来有孩子，这种心理上的变化还是蛮大的。（动漫标榜姜主管）	婚姻状况	人口学因素

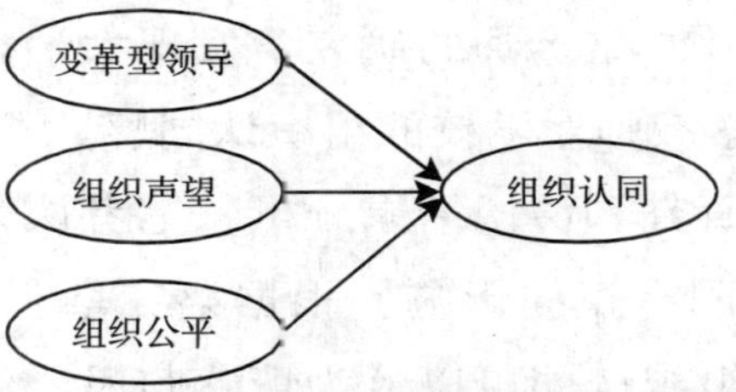

图 5-1 企业中层管理者组织认同影响因素的概念模型

二、研究假设

1. 组织声望与组织认同

March 和 Simon（1958）的研究结果表明，组织成员会倾向于认同那些被组织外成员给予高自尊评价的组织。[78] Albert 和 Whetten（1985）认为，组织成员因为归属于一个声望好的组织而感到骄傲，会因为知觉到自己被社会认可而提高自己的组织认同感。[79] Dutton、Dukerich 和 Harquail（1994）通过研究指出，组织成员更加认同具有良好社会声誉的组织。[80] Fisher（1998）研究指出，组织声望能够影响个体的组织认同，个体感知到的组织声望越多，越容易因为认同而获得自尊感。[81] Gioia 等 （2000）认为，企业形象作为一个不稳定的因素，影响员工对组织的认同。[82] Smidts 等（2001）也认为，感知到的组织声望对组织认同的确有影响，而且不错的组织声望会促进组织认同，组织成员渴望认同一个外部评价正向的组织。[83] Fuller 等（2006）为了证实组织认同和组织声誉之间的关系，在一个卫生保健部门展开研究，其结论是良好的组织外部声誉可以增进员工的组织认同。[84] Mignonac、Herrbach 和 Guerrero（2006）研究发现，组织认同在员工离职倾向与组织声望的关系中起调节作用。[85] Bartels 等（2007）通过研究发现，组织个体对组织外部声望的知觉能够提升其组织认同水平。[86] 中国学者李永鑫等(2011）通过教师群体的 545 份有效问卷，研究发现组织声望在组织竞争和组织认同之间起完全中介作用。[87] 中国台湾学者周蕙稳(2012）以合作金库银行的内部员工为研究对象，发现组织声望与组织认同显著相关。[88] 黎光明和周国华（2013）通过对来自 11 所大学的 1020 名老师的研究，发现大学教师对学校的声望知觉能够正向预测大学教师对学校的组织认同感。[89]

基于以上文献研究和访谈结果分析，笔者认为组织声望对企业中层管理者的组织认同有正向影响。根据第三章、第四章的研究结果，企业中层管理者的组织认同可以分为情感归属、价值融合、人际关系和事业发展四个维度。因此，我们提出如下四个研究假设：

H1a：组织声望对企业中层管理者组织认同的情感归属维度有正向影响。

H1b：组织声望对企业中层管理者组织认同的价值融合维度有正向影响。

H1c：组织声望对企业中层管理者组织认同的人际关系维度有正向影响。

H1d：组织声望对企业中层管理者组织认同的事业发展维度有正向影响。

2. 变革型领导与组织认同

Bass 和 Avolio（1990）认为，变革型领导能够通过鼓励下属从新的视角观察问题、为下属提供支持和鼓励、沟通传达共同愿景等方式，使下属产生情感和认同。[90] Shamir、House 和 Arthur（1993）也认为，变革型领导能够通过转变下属的自我概念，在下属和组织之间建立起个人的和社会的认同。[91] Lord、Brown 和 Freiberg（1999）指出，魅力型领导和变革型领导通过强调共同愿景和组织目标，能够使下属的集体统一性更为突出，进而能够影响下属的组织认同。[92] Knippenberg（2000）也指出，变革型领导和魅力型领导之所以有效是因为其对员工组织认同的作用。[93] Kark 和 Shamir（2002）通过研究发现，变革型领导能够使员工信任并尊重领导者，将领导者的价值观和目标内在化；能够将下属的自我概念和组织的使命联系起来，在集体水平上建立员工的自我同一性，这些都将促进员工对组织的社会认同。[94] Epitropaki（2003）通过研究证明了变革型领导与组织认同的正相关关系，他认为，成员为了实现对意义的追求而认同组织，意义由领导者负责传达，而这个过程会引起组织成员自我定义的产生，因此，变革型领导能够引发员工的组织认同感。[95] 而在其与 Martin（2005）的合作研究中进一步发现，变革型领导与交易型领导相比，对员工组织认同的预测作用更强。[96] 中国学者毛忞歆和龙立荣（2009）通过对来自25家科技型企业的360名员工进行问卷调查，发现变革型领导风格对组织变革过程和组织变革认同感都有显著的正效应。[97] 中国台湾学者杜佩兰等（2009）通过对台湾某大学的342位正式员工进行研究发现，领导行为对组织认同有正向影响。[98] 李永鑫（2011）通过对教师群体进行研究发现，变革型领导能够积极地预测个体的组织认同。[99]

基于以上文献研究和访谈结果分析，笔者认为变革型领导对企业中层管理者的组织认同有正向影响。根据第三章、第四章的研究结果，企业中层管理者的组织认同可以分为情感归属、价值融合、人际关系和事业发展四个维度。因此，我们可以得到以下四个研究假设：

H2a：变革型领导对企业中层管理者组织认同的情感归属维度有正向影响。

H2b：变革型领导对企业中层管理者组织认同的价值融合维度有正向影响。

H2c：变革型领导对企业中层管理者组织认同的人际关系维度有正向影响。

H2d：变革型领导对企业中层管理者组织认同的事业发展维度有正向影响。

3. 组织公平与组织认同

组织公平感是组织成员对与自己有关的组织制度、政策和措施的公平型的知觉。Tyler 和 Smith（1996）[100]、赖志超等（2001）[101] 和王彦斌（2004）[29] 的研究结果都验证了组织公平与组织认同之间的相关关系。彭玉树等（2004）研究发现，员工知觉到的组织公平程度越高，对组织认同的程度就越高。[102] Olkkonen 等（2006）认为组织认同作为中间变量调节组织公平与组织产出之间的关系。[103] 秦志华等（2010）以来自北京市 6 家企业的 294 名员工为样本，研究发现，组织公平促进员工组织支持感的形成，进而培育起员工的组织认同感。[43] Cremer 和 Blader（2006）研究发现，有较强归属感需求的员工更重视组织的程序性公平。[104] 而中国台湾学者陈郁中（2010）得出的结果是，分配公平与组织认同显著相关，亦即组织成员如果感到组织分配资源越公平，则对组织的认同感将越高。[105] 李永鑫（2011）认为，针对教师群体来说，分配公平固然重要，但是程序公平的价值更不可低估。[99] 同样以教师为研究对象，周国华（2012）得出的结论却是，分配公平比程序公平对教师组织认同的作用更加显著。[106] Walumbwa 等（2009）的研究结果则是，分配公平和程序公平都可以提升组织成员的组织认同感。[107] 王弘钰（2010）以劳务派遣人员为研究对象的研究结论也支持了此观点，研究结果显示，程序公平和分配公平都可以显著影响劳务派遣人员的组织认同。[108]

基于以上文献研究和访谈结果分析，笔者认为组织公平对企业中层管理者的组织认同有正向影响。根据第三章、第四章的研究结果，企业中层管理者的组织认同可以分为情感归属、价值融合、人际关系和事业发展四个维度。因此，我们可以得到以下四个研究假设：

H3a：组织公平对企业中层管理者组织认同的情感归属维度有正

向影响。

H3b：组织公平对企业中层管理者组织认同的价值融合维度有正向影响。

H3c：组织公平对企业中层管理者组织认同的人际关系维度有正向影响。

H3d：组织公平对企业中层管理者组织认同的事业发展维度有正向影响。

第二节 测量条款的开发

一、变量初始条款生成

在中层管理者组织认同影响因素的研究中，涉及的变量包括：组织声望、变革型领导、组织公平以及企业中层管理者组织认同。对于企业中层管理者组织认同的测量已经在第四章进行了实证检验，并从情感归属、人际关系、事业发展和价值融合四个维度刻画和度量。为了确保开发的相关量表具有较好的内容效度和结构效度，笔者决定按照如下步骤开发相关变量的初始量表。

第一步，在国内外知名期刊上查阅相关变量的成熟量表。如组织声望量表的测量条目主要参考了 Mael 和 Ashforth（1992）所编制的组织声望量表[17] 和李永鑫（2011）在研究教师组织认同中使用的组织声望量表；[99] 变革型领导量表的测量条目主要参考了曾贱吉（2011）开发的变革型领导量表，该量表在设计中参考了 Bass 和Avolio（1990）和李超平等（2006）开发的变革型领导问卷；[109] 组织公平量表的测量借鉴 Niehoff 等在 1998 年编制的问卷[110] 和 Farh 在 1997 年的研究中引用的 Balkin、Gomez-Mejja 和 Spencer 的量表。[111]

第二步，邀请一位组织与人力资源管理方向的教授和五位博士生，对相关量表的翻译准确性进行讨论，并针对本研究企业中层管理者的测量情境，对相关量表测量题目的表述进行研讨，以确保测量题目翻译准确，表达符合中国情境。

第三步，邀请10名中宠食品集团的中层管理者试填问卷并召开研讨会，逐条详细讨论每个测量条目在表达上是否存在歧义和符合中层管理者的层级性特点，结合被调查者在填写过程中碰到的问题，认真润色每一个条目的表达，进一步修订调查问卷。

1. 组织声望的测量

组织声望是员工知觉到的组织利益相关者的评价。本研究中组织声望量表的设计主要参考了 Mael 和 Ashforth（1992）所编制的组织声望量表和李永鑫（2011）在研究教师组织认同中使用的组织声望量表，根据中国文化情境和针对企业中层管理者进行测量的研究需要，对部分条目描述做了调整。新编组织声望量表采用李克特五点量表：1=非常不同意；2=不同意；3=不清楚；4=比较同意；5=非常同意。包含6个条目，第1、2、3条正向计分，第4条反向计分，负向条目用5减去其得分为最后得分，得分越高，说明受测个体体验到的组织声望越高，如表5-2所示。

表5-2 组织声望初始测量量表

编号	测量题项	来源
OR01	我身边的人对我所在的公司很尊重[a]	a. Mael 和 Ashforth（1992） b. 李永鑫（2011）
OR02	成为这家公司的员工是很受身边人尊敬的[a]	
OR03	这家公司被认为是同行业里最好的公司之一[ab]	
OR04	当同行公司招收新员工时，他们不愿意招收来自这家公司的员工（R）[a]	
采用李克特五点量表：1=非常不同意；2=不同意；3=不清楚；4=比较同意；5=非常同意		

2. 变革型领导的测量

变革型领导能够通过激发下属更多地关注工作结果，使其为了团队、组织或更大的政治利益而超越个人利益。本研究中变革型领导的测量主要参考曾贱吉（2010）开发的变革型领导量表，该量表在设计中参考了 Bass 和 Avolio（1990）和李超平等（2006）开发的变革型领导问卷，量表包含 8 个条目，信度系数 α 为 0.95。针对企业中层管理者组织认同的研究情景，对条目表达做了相应调整。新编变革型领导量表采用李克特五点量表：1=非常不同意；2=不同意；3=不清楚；4=比较同意；5=非常同意。得分越高，说明个体越认可直接上级的领导艺术，如表 5-3 所示。

表 5-3 变革型领导初始测量量表

编号	测量题项	来源
TL01	我的直接领导在完成任务中显示出决心	曾贱吉（2010）
TL02	我的直接领导让其下属感觉愉快	
TL03	我的直接领导为了团体（集体）利益，不计较个人得失	
TL04	我的直接领导很能干、有魄力、自信	
TL05	我的直接领导向下属表达对他们高绩效的期望	
TL06	我的直接领导充满激情地讨论需要完成的工作	
TL07	我的直接领导能够给大家描绘鼓舞人心的未来	
TL08	我的直接领导给大家传达一种使命感	
采用李克特五点量表：1=非常不同意；2=不同意；3=不清楚；4=比较同意；5=非常同意		

3. 组织公平的测量

组织公平是组织成员对组织在分配、程序、人际和信息方面的资源配置是否合理的主观感受。本研究中，借鉴 Niehoff 等在 1998 年编制的问卷（共 5 个测量项目，信度系数 α 为 0.852）和 Farh 在1997 年的研究中引用的 Balkin、Gomez-Mejja 和 Spencer 的量表（共 7 个测量项目，信度系数 α 为 0.81）。针对企业中层管理者组织认同的研究情景，对条目表达做了调整，去掉了“工资和绩效评估”的限制条件。新编组织公平量表采用李克特五点量表：1=非常不同意；2=不同意；3=不清楚；4=比较同意；5=非常同意。得分越高，说明受测个体体验到的组织公平越高，如表 5-4 所示。

4. 组织认同的测量

组织认同的结构维度和量表开发在前面章节中已经做了详细阐述，在此不再赘述。本研究中采用的中层管理者组织认同量表包含四个维

表 5-4 组织公平初始测量量表

编号	测量题项	来源
OJ01	我的工作安排是合理的[a]	a. Moorman 等（1993） b. Farh 等（1997）
OJ02	我认为我的收入水平是合理的[a]	
OJ03	我认为我的工作量很合理[a]	
OJ04	总的来说，我在本组织得到的奖励是非常公平的[a]	
OJ05	我觉得我的职责是合理的[a]	
OJ06	各级管理者都参与有关决策工作[b]	
OJ07	公司通过各种渠道了解员工对于公司政策及决策的意见[b]	
OJ08	决策仅由高层管理者做出，其他人被排除在决策过程之外（R）[b]	
OJ09	公司在设计政策时没有考虑员工的意见（R）[b]	
OJ10	公司具有正式的投诉渠道[b]	
OJ11	公司规定负责的部门必须在一定时间内对员工的投诉给予答复[b]	
OJ12	员工关于政策方面的问题总能得到迅速满意的答复[b]	
采用李克特五点量表：1=非常不同意；2=不同意；3=不清楚；4=比较同意；5=非常同意		

度：情感归属、人际关系、事业发展和价值融合。企业中层管理者组织认同量表包含 12 个条目，信度系数 α 为 0.900。量表采用李克特五点量表：1=非常不同意；2=不同意；3=不清楚；4=比较同意；5=非常同意。受测者得分越高，说明受测个体对组织的认同程度越高，如表 5-5 所示。

表 5-5 组织认同测量量表

编号	测量题项	来源
QG01	公司能给我一种“家”的感觉	本研究由笔者开发
QG02	我能够感觉到公司对我生活上的关心	
QG03	我们公司员工遇到困难时，能得到公司的帮助	
RJ01	我在工作上可以得到同事的支持	
RJ02	我的领导是个容易亲近的人	
RJ03	我们公司同事关系很融洽	
SY01	在这家公司，我可以学到很多东西	
SY02	在公司中有较大的晋升空间	
SY03	公司具有较好的发展前景	
JZ01	本公司在社会上的形象能够很好地代表我的形象	
JZ02	当我谈到企业时，我会说“我们”而非“他们”	
JZ03	企业的成功也是我的成功	
采用李克特五点量表：1=非常不同意；2=不同意；3=不清楚；4=比较同意；5=非常同意		

二、预试净化测量项目和单维度检验

预试数据通过问卷星在线收集，历时半个多月时间，从 2012 年 9 月中旬开始至 10 月初截止。对调查对象的选择采取滚雪球抽样方法，笔者首先将设计好的问卷地址通过邮箱发送给自己认识的一些企业中层管理者，并通过电话详细告知调查问卷填写的注意事项，该调查对象填写后，再将问卷链接发送给自己认识的企业中层管理者朋友们，并电话告知问卷填写注意事项。本研究共回收问卷 287 份，问卷回收后，根据如下原则剔除不合格问卷：一是根据网站记录，剔除作答时间明显偏短的问卷，根据笔者预填经验，我们将标准设定为作答时间大于 150 秒，如果填写问卷时间少于 150 秒即作为不合格问卷；二是剔除填写明显具有规律性的问卷，如全为某一相同选项或者反复循环作答的；三是剔除反向题作答明显与相关题项表达意愿相矛盾的问卷。通过问卷筛选，共得到有效问卷256 份，回收问卷有效率为89.2%。小样本问卷的样本状况如表 5-6 所示。对预试调查问卷数据的极小值、极大值、均值、标准差、方差、偏度与峰度等进行描述统计，结果可以发现，各测量项目变量基本服从正态性分布。

表 5-6 预试问卷描述性统计（N=256）

基本资料	分类项目	人数（个）	百分比（%）
性别	男	141	55.1
	女	115	44.9
年龄	25 岁及以下	60	23.4
	25~30 岁	94	36.7
	30~35 岁	64	25.0
	35~40 岁	29	11.3
	40 岁及以上	9	3.5
受教育程度	高中及以下	7	2.7
	专科	43	16.8
	本科	168	65.6
	硕士	34	13.3
	博士	4	1.6
婚姻状况	未婚	108	42.2
	已婚	148	57.8

续表

基本资料	分类项目	人数（个）	百分比（%）
工作年限	1 年以内	26	10.2
	1~3 年	62	24.2
	3~5 年	31	12.1
	5~7 年	36	14.1
	7~9 年	36	14.1
	10 年及以上	65	25.4
本岗位工作年限	1 年以内	50	19.5
	1~3 年	99	38.7
	3~5 年	44	17.2
	5~7 年	24	9.4
	7~9 年	15	5.9
	10 年及以上	24	9.4
企业性质	国有独资	45	17.6
	国有控股	34	13.3
	民营	123	48.0
	合资	28	10.9
	外资	26	10.2
企业发展阶段	初创期	35	13.7
	成长期	121	47.3
	成熟期	75	29.3
	衰退期	9	3.5
	转型期	16	6.3
同级人员规模	5 人及以下	36	14.1
	5~10 人	68	26.6
	10~15 人	19	7.4
	15~20 人	15	5.9
	20 人以上	118	46.1

注：根据统计规划，每组中的下限归于该组，余同。

1. 组织声望测量的 CITC、信度和单维度分析

由表 5-7 可知，组织声望第 4 个题项 OR04 的 CITC 是 0.380，小于 0.5，删除这个测量题目后整体 Cronbach's α 系数为 0.805，信度有较大的提高，符合我们设定的删除标准，因此予以删除。由表 5-8 可知，组织声望量表删除 OR04 题项前后，KMO 值都大于 0.70 的通常标准，Bartlett 检验卡方值显著性概率 Sig.都为 0.000，可以进行因子分

析。而删除 OR04 题项后，累计方差百分比由 64.170 提高到 72.224，因子载荷均大于 0.6 的要求。组织声望经小样本检验后，确定为 3 个测量题项，不存在子维度。

表 5-7 组织声望测量的 CITC、信度分析（N=256）

测量条款	CITC		删除该项目后的 α 系数		Cronbach's α	
	初始	最终	初始	最终	初始	最终
OR01	0.812	0.873	0.378	0.676	0.617	0.805
OR02	0.796	0.849	0.401	0.726		
OR03	0.755	0.827	0.467	0.797		
OR04	0.380	—	0.805	—		

注：“—”表示删除后不需要计算，下同。

表 5-8 组织声望测量的单维度分析（N=256）

测量条款	初始因子载荷	最后因子载荷
OR01	0.864	0.883
OR02	0.853	0.856
OR03	0.810	0.809
OR04	0.576	—
累计方差百分比	64.170	72.224
KMO	0.786	0.752
Bartlett 检验卡方值	259.336	238.898
显著性概率 Sig.	0.000	0.000

2. 变革型领导测量的 CITC、信度和单维度分析

由表 5-9 和表 5-10 可知，变革型领导测量量表所有条目的CITC均大于 0.5，而且删除任何题项后都不能使 Cronbach's α 系数得到提高，每个题项的因子载荷都大于 0.6，因此，不需删除任何题项。变革型领导量表的整体 Cronbach's α 为 0.928，具有较好的信度。变革型领导经小样本检验后，确定为 8 个测量题项，不存在子维度。

表 5-9 变革型领导测量的 CITC、信度分析（N=256）

测量条款	CITC		删除该项目后的 α 系数		Cronbach's α	
	初始	最终	初始	最终	初始	最终
TL01	0.839	0.839	0.916	0.916	0.928	0.928
TL02	0.760	0.760	0.923	0.923		

续表

测量条款	CITC		删除该项目后的 α 系数		Cronbach's α	
	初始	最终	初始	最终	初始	最终
TL03	0.780	0.780	0.922	0.922		
TL04	0.851	0.851	0.915	0.915		
TL05	0.818	0.818	0.918	0.918		
TL06	0.844	0.844	0.915	0.915		
TL07	0.821	0.821	0.918	0.918		
TL08	0.804	0.804	0.919	0.919		

表 5-10　变革型领导测量的单维度分析（N=256）

测量条款	初始因子载荷	最后因子载荷
TL01	0.845	0.845
TL02	0.757	0.757
TL03	0.777	0.777
TL04	0.854	0.854
TL05	0.823	0.823
TL06	0.847	0.847
TL07	0.817	0.817
TL08	0.807	0.807
累计方差百分比	66.656	66.656
KMO	0.911	0.911
Bartlett 检验卡方值	1423.835	1423.835
显著性概率 Sig.	0.000	0.000

3. 组织公平测量的 CITC、信度和单维度分析

由表 5-11 可知，组织公平量表的 OJ08 和 OJ09 两个题项的CITC指数分别为 0.257 和 0.203，小于 0.5 的标准值，分别删除两个题项后，组织公平量表的 Cronbach's α 系数均能得到提高，因此，删除这两个题项。由表 5-12 可知，组织公平量表删除 OJ08 和 OJ09 两个题项前后，KMO 值都大于 0.70 的通常标准，Bartlett 检验卡方值显著性概率 Sig.都为 0.000，可以进行因子分析。但是，OJ08 和 OJ09 两个题项的因子载荷分别为 0.257 和 0.203，而删除 OJ08 和 OJ09 两个题项后，累计方差解释百分比由 50.427 提高到 60.488，因子载荷均满足大于0.6 的要求。小样本检验后，组织公平量表由 12 个条目减少为 10 个，不存在子维度。

表 5-11 组织公平测量的 CITC、信度分析（N=256）

测量条款	CITC		删除该项目后的 α 系数		Cronbach's α	
	初始	最终	初始	最终	初始	最终
OJ01	0.734	0.745	0.870	0.922	0.884	0.927
OJ02	0.703	0.759	0.872	0.921		
OJ03	0.718	0.772	0.871	0.921		
OJ04	0.744	0.797	0.869	0.919		
OJ05	0.712	0.736	0.871	0.922		
OJ06	0.748	0.783	0.868	0.920		
OJ07	0.794	0.824	0.865	0.917		
OJ08	0.257	—	0.899	—		
OJ09	0.203	—	0.904	—		
OJ10	0.750	0.693	0.868	0.921		
OJ11	0.819	0.807	0.863	0.916		
OJ12	0.819	0.822	0.863	0.916		

表 5-12 组织公平测量的单维度分析（N=256）

测量条款	初始因子载荷	最后因子载荷
OJ01	0.742	0.741
OJ02	0.748	0.749
OJ03	0.761	0.761
OJ04	0.784	0.784
OJ05	0.734	0.735
OJ06	0.772	0.772
OJ07	0.820	0.820
OJ08	0.449	—
OJ09	0.515	—
OJ10	0.754	0.754
OJ11	0.823	0.822
OJ12	0.832	0.831
累计方差百分比	50.427	60.488
KMO	0.890	0.867
Bartlett 检验卡方值	1823.957	1654.726
显著性概率 Sig.	0.000	0.000

第三节 测量条款的探索性因子分析

为了探索净化后的企业中层管理者组织认同影响变量的各个条款是否存在信息重叠的现象，我们运用预试的256份样本数据进行探索性因子分析。

表5-13 变革型领导的KMO和Bartlett球体检验（N=256）

Kaiser-Meyer-Olkin Adequacy Measure of Sampling		0.911
Bartlett's Test of Sphercity	Aprox. Chi-Squre	1423.835
	df	28
	Sig.	0.000

表5-14 变革型领导的总方差解释（N=256）

Compontent	Initial Eigenvalues			Extraction Sums of Squared Loadings		
	Total	% of Variance	Cumulative%	Total	% of Variance	Cumulative %
1	5.332	66.656	66.656	5.332	66.656	66.656
2	0.640	8.003	74.659			
3	0.553	6.917	81.575			
4	0.440	5.506	87.081			
5	0.321	4.007	91.089			
6	0.271	3.387	94.476			
7	0.248	3.096	97.572			
8	0.194	2.428	100.000			

Extraction Method：Principal Component Analysis. a.1 Components Extracted.

由表5-13可知，变革型领导样本的KMO值为0.911，适合进行因子分析；Bartlett's Test of Sphercity的卡方统计值的显著性水平为0.000，适合进行因子分析。如表5-14所示，探索性因子分析提取特征根大于1的因子，只得到1个因子，总体方差解释为66.656%。如

表 5-15 所示，探索性因子分析结果显示，变革型领导各条款无交叉负荷，各条款标准因子载荷在 0.757~0.854，全部予以保留。

表 5-15 变革型领导探索性因子分析的标准载荷（N=256）

Factor	Items	Factor Loading
		1
变革型领导	TL01	0.845
	TL02	0.757
	TL03	0.777
	TL04	0.854
	TL05	0.823
	TL06	0.847
	TL07	0.817
	TL08	0.807

表 5-16 组织声望的 KMO 和 Bartlett 球体检验（N=256）

Kaiser-Meyer-Olkin Adequacy Measure of Sampling		0.752
Bartlett's Test of Sphercity	Aprox. Chi-Squre	238.898
	df	3
	Sig.	0.000

表 5-17 组织声望的总方差解释（N=256）

Compontent	Initial Eigenvalues			Extraction Sums of Squared Loadings		
	Total	% of Variance	Cumulative%	Total	% of Variance	Cumulative %
1	2.167	72.224	72.224	2.167	72.224	72.224
2	0.504	16.795	89.019			
3	0.329	10.981	100.000			

Extraction Method：Principal Component Analysis. a.1 Components Extracted.

由表 5-16 可知，组织声望样本的 KMO 值为 0.752，适合进行因子分析；Bartlett's Test of Sphercity 的卡方统计值的显著性水平为0.000，适合进行因子分析。如表 5-17 所示，探索性因子分析提取特征根大于 1 的因子，只得到 1 个因子，总体方差解释为 72.224%。如表 5-18 所示，探索性因子分析结果显示，组织声望各条款无交叉负荷，各条款标准因子载荷在 0.809~0.883，全部予以保留。

表 5-18 组织声望探索性因子分析的标准载荷（N=256）

Factor	Items	Factor Loading
		1
组织声望	OR01	0.883
	OR02	0.856
	OR03	0.809

表 5-19 组织公平 KMO 和 Bartlett 球体检验（N=256）

Kaiser-Meyer-Olkin Adequacy Measure of Sampling		0.917
Bartlett's Test of Sphercity	Aprox. Chi-Squre	1654.726
	df	45
	Sig.	0.000

表 5-20 组织公平的总方差解释（N=256）

Compontent	Initial Eigenvalues			Extraction Sums of Squared Loadings		
	Total	% of Variance	Cumulative%	Total	% of Variance	Cumulative %
1	6.049	60.488	60.488	6.049	60.488	60.488
2	0.891	8.908	69.396			
3	0.617	6.169	75.566			
4	0.529	5.290	80.856			
5	0.471	4.709	85.564			
6	0.370	3.701	89.265			
7	0.348	3.478	92.743			
8	0.322	3.221	95.964			
9	0.233	2.329	98.294			
10	0.171	1.706	100.000			

Extraction Method：Principal Component Analysis. a.1 Components Extracted.

由表 5-19 可知，组织公平样本的 KMO 值为 0.917，适合进行因子分析；Bartlett's Test of Sphercity 的卡方统计值的显著性水平为0.000，适合进行因子分析。如表 5-20 所示，探索性因子分析提取特征根大于 1 的因子，只得到 1 个因子，总体方差解释为 60.488%。如表 5-21 所示，探索性因子分析结果显示，组织公平各条款无交叉负荷，各条款标准因子载荷在 0.735~0.831，全部予以保留。

表 5-21　组织公平探索性因子分析的标准载荷（N=256）

Factor	Items	Factor Loading
		1
组织公平	OJ01	0.741
	OJ02	0.749
	OJ03	0.761
	OJ04	0.784
	OJ05	0.735
	OJ06	0.772
	OJ07	0.820
	OJ10	0.754
	OJ11	0.822
	OJ12	0.831

第四节　测量条款的验证性因子分析

为了进一步验证相关量表探索性因子分析的结论，我们将修正后包含 8 个条款的变革型领导量表、包含 3 个条款的组织声望量表（删除 OR04 条款）、包含 10 个条款的组织公平量表（删除 OJ08、OJ09 条款）和包含 12 个条款的组织认同量表作为正式问卷，进行大样本调查。

一、大样本数据收集及描述性统计

为了消除不同地区经济文化差异的影响，笔者根据毕业学生全国分布情况，有针对性地选取不同地区的学生作为本地区问卷调查负责人，在本地区采用滚雪球的方式进一步增加调查样本。本次共发放问卷 500 份，回收问卷 375 份，回收率为 75%；剔除不合格问卷 64 份，获得有效问卷 311 份，回收有效率为82.9%。样本的描述性统计如表 5-22 所示。

表 5-22 大样本问卷描述性统计（N=311）

基本资料	分类项目	人数（个）	百分比（%）
性别	男	151	48.6
	女	160	51.4
年龄	25 岁及以下	59	19.0
	25~30 岁	138	44.4
	30~35 岁	73	23.5
	35~40 岁	32	10.3
	40 岁及以上	9	2.8
受教育程度	高中及以下	12	3.9
	专科	45	14.5
	本科	205	65.9
	硕士	46	14.8
	博士	3	1.0
婚姻状况	未婚	131	42.1
	已婚	180	57.9
工作年限	1 年以内	26	8.4
	1~3 年	59	19.0
	3~5 年	31	10.0
	5~7 年	84	27.0
	7~9 年	41	13.2
	10 年及以上	70	22.5
本岗位工作年限	1 年以内	57	18.3
	1~3 年	124	39.9
	3~5 年	44	14.1
	5~7 年	47	15.1
	7~9 年	11	3.5
	10 年及以上	28	9.0
企业性质	国有独资	53	17.0
	国有控股	36	11.6
	民营	141	45.3
	合资	37	11.9
	外资	44	14.1
企业发展阶段	初创期	70	22.5
	成长期	129	41.5
	成熟期	77	24.8
	衰退期	16	5.1
	转型期	19	6.1

续表

基本资料	分类项目	人数（个）	百分比（%）
同级人员规模	5 人及以下	37	11.9
	5~10 人	95	30.5
	10~15 人	20	6.4
	15~20 人	21	6.8
	20 人以上	138	44.4

二、影响因素变量的验证性因子分析

在进行因子分析之前，需要先检验数据，我们用 Bartlett 球形检验以及 KMO 抽样适度测定值来检验各测量条款之间的相关性。一般认为，KMO 值大于 0.7 可以认为适合进行因子分析。如表 5-23 所示，各影响变量的 KMO 值都大于 0.7，Bartlett 球形检验值均显著，样本适合进行因子分析。我们用 AMOS7.0 对各影响变量进行验证性因子分析，结果如图 5-2、图 5-3、图 5-4 所示。

表 5-23 影响变量的 KMO 和 Bartlett 球形检验

变量名称	KMO	Bartlett 球形检验	Sig.
变革型领导	0.869	1916.166	0.000
组织声望	0.856	671.128	0.000
组织公平	0.959	3223.140	0.000

1. 变革型领导量表的验证性因子分析

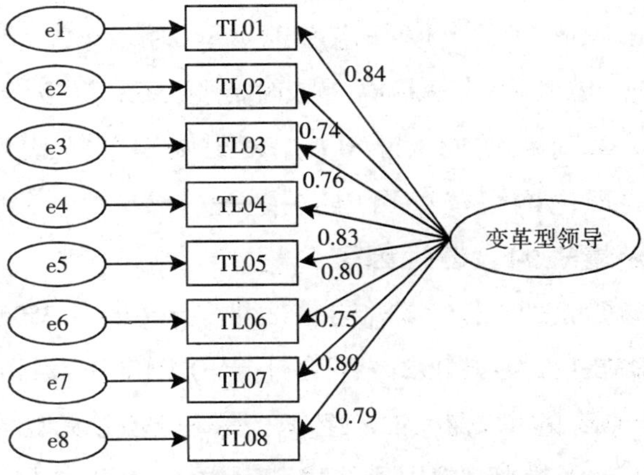

图 5-2 变革型领导的验证性因子分析（N=311）

表 5-24 变革型领导验证性因子分析拟合指标（N=311）

拟合指标	χ^2	df	χ^2/df	GFI	RMSEA	NFI	CFI
指标值	75.211	20	3.761	0.891	0.092	0.912	0.923

变革型领导的验证性因子分析结果表明，χ^2/df 为 3.761，符合小于 5 的一般标准；RMSEA 为 0.092，符合小于 0.1 的一般标准；NFI、CFI 都符合大于 0.9 的良好标准，GFI 为 0.891，符合大于 0.85 的接受标准。变革型领导的理论模型与数据匹配性良好（见表 5-24），所有标准化因子载荷系数均大于 0.6，表明该模型的载荷都是统计显著的。变革型领导的理论构思模型可以被接受。

2. 组织声望量表的验证性因子分析

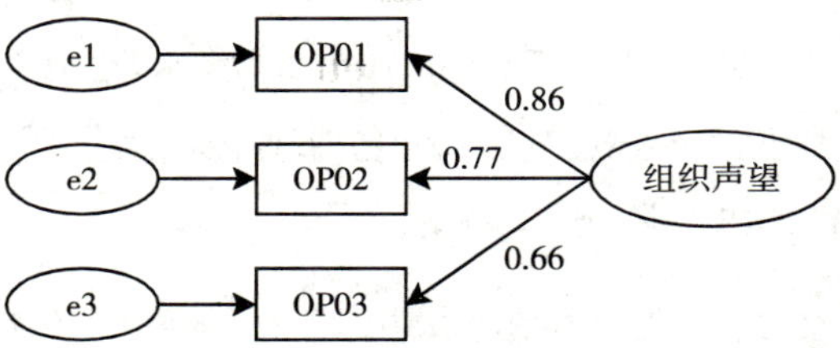

图 5-3 组织声望的验证性因子分析（N=311）

表 5-25 组织声望验证性因子分析拟合指标（N=311）

拟合指标	χ^2	df	χ^2/df	GFI	RMSEA	NFI	CFI
指标值	0.000	0	0.000	1.000	0.000	1.000	1.000

组织声望的验证性因子分析结果表明，组织声望模型是一个饱和模型（Saturated Model）。当模型饱和时，χ^2 为 0.000，df 为 0，RMSEA 为 0，GFI、NFI、CFI 都为 1.000，是对数据的完美拟合（见表 5-25），所有标准化因子载荷系数均大于 0.6，表明该模型的载荷都是统计显著的。组织声望的理论构思模型可以被接受。

3. 组织公平量表的验证性因子分析

组织公平的验证性因子分析结果表明，χ^2/df 为 3.652，符合小于 5 的一般标准；RMSEA 为 0.092，符合小于 0.1 的一般标准；GFI、NFI、CFI 都符合大于 0.9 的良好标准，组织公平的理论模型与数据匹配性良好（见表 5-26），所有标准化因子载荷系数均大于 0.6，表明该模型的载荷都是统计显著的。组织公平的理论构思模型可以被接受。

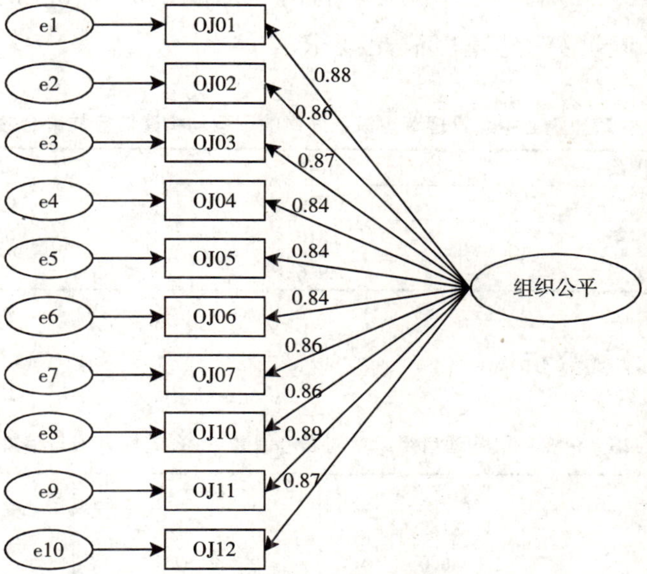

图 5-4 组织公平的验证性因子分析（N=311）

表 5-26 组织公平验证性因子分析拟合指标（N=311）

拟合指标	χ^2	df	χ^2/df	GFI	RMSEA	NFI	CFI
指标值	127.571	35	3.652	0.935	0.092	0.964	0.971

三、大样本测量的信度和效度分析

一般来说，学者们通常用信度和效度两项指标来考察研究的规范性和科学性。只有研究构念的测量信度和效度得到保证后，根据调查数据得出的推论才有理论意义和实践价值。由于大样本测量的量表已经通过了小样本净化分析和单维度检验，而且大样本验证性因子分析中也没有条款的增减，说明问卷满足测量的内部一致性要求。另外，大样本调查采用的量表在设计中均参考了国内外较成熟的量表；对于参考的英文量表，均采取了双向翻译处理，确保含义的一致性；还邀请相关企业的中层管理者对问卷的条目进行了逐一讨论，以保证问卷具有较高的内容效度。因此，本部分重点分析大样本测量的构建信度和构建效度。

1. 构建信度分析

由表 5–27 可知，各影响因素的构建信度都大于 0.5 的标准，说明大样本调查问卷的构建信度满足要求。

表 5–27　企业中层管理者组织认同影响因素的构建信度与聚合效度

影响因素	CR	AVE
变革型领导	0.930	0.623
组织声望	0.810	0.589
组织公平	0.966	0.742

2. 构建效度分析

表 5–28　企业中层管理者组织认同影响因素 AVE 的均方根与相关系数

	变革型领导	组织声望	组织公平
变革型领导	**0.789**		
组织声望	0.600	**0.767**	
组织公平	0.610	0.460	**0.861**

对大样本测量的构建效度，我们从聚合效度（Convergent Validity）和区别效度（Discriminant Validity）两个方面来考察。如表 5–27 所示，企业中层管理者组织认同各个影响因子的 AVE 都大于 0.5，问卷的聚合效度要求得到满足。如表 5–28 所示，变革型领导、组织声望、组织公平之间的直接相关系数小于其 AVE 的均方根，表明问卷具有较好的区别效度。

第五节　共同方法变异检验

共同方法变异（Common Method Variance，CMV ）是指变量之间的变异重叠是因为数据来源、测量环境等造成的，而不是所要测量的潜在变量的真实关系。共同方法变异对学术研究结果的真实性构成威胁，因为它可能会对研究变量之间的关系提供另外一种解释。为尽量减少 CMV 对研究结果造成的影响，借鉴周浩和龙立荣（2004）的建议，[112] 本研究主要采取了如下措施：第一，数据来源于不同地区的 100 多个企业，保证了问卷收集在时间上和地域上的分离；第二，问卷采用匿名填写方式，并明确告知被调查者研究的学术性和保密性，消除被调查者的心理顾虑，保证作答的真实性；第三，在问卷中设置反向题目。

为检验问卷测量中是否存在 CMV，本研究采用 Harman 单因素检验来判断。这种方法假设如果 CMV 大量存在，则进行探索性因子分析时，就会出现只能析出一个因子或者一个因子解释大部分变异的情况。将本研究中涉及的变革型领导、组织声望、组织公平和组织认同一起进行探索性因子分析，结果显示，没有旋转的第一个因子的解释力仅为 27.853%，并没有占到多数。根据 Harman 单因素检验原则，可以认为本研究中 CMV 对研究结果产生的影响不显著。

第六节 人口学和组织学变量的影响分析

本次调查样本 311 名企业中层管理者的组织认同感及各维度得分的均值和标准差如表 5-29 所示。

表 5-29 组织认同及各维度的均值及标准差（N=311）

	N	M	SD
情感归属	311	3.215	1.029
人际关系	311	3.854	0.746
事业发展	311	3.532	0.983
价值融合	311	3.757	0.944
组织认同	311	3.590	0.737

本次调查采用的是李克特五点量表，从企业中层管理者组织认同

均值 3.590 来看，得分属于中等偏上的水平。就企业中层管理者组织认同各维度的均值得分来看，如图 5-5 所示，企业中层管理者组织认同的各维度中，人际关系>价值融合>事业发展>情感归属。

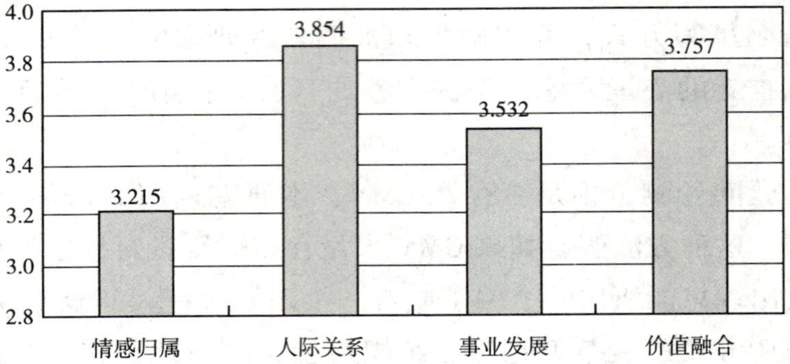

图 5-5 组织认同各维度均值比较（N=311）

一、人口学变量的影响分析

1. 不同性别企业中层管理者的组织认同

表 5-30 不同性别企业中层管理者组织认同及各维度比较（N=311）

	性别	N	M	SD	T	P
情感归属	男	151	3.448	1.064	3.964	0.000
	女	160	2.996	0.947		
人际关系	男	151	3.947	0.641	2.143	0.033
	女	160	3.767	0.826		
事业发展	男	151	3.671	0.971	2.451	0.015
	女	160	3.400	0.978		
价值融合	男	151	3.779	0.916	.409	0.683
	女	160	3.735	0.971		
组织认同	男	151	3.711	0.722	2.864	0.004
	女	160	3.475	0.735		

T 检验结果表明，不同性别企业中层管理者在组织认同上具有明显差异（T=2.864，P=0.004<0.01），男性企业中层管理者比女性企业中层管理者组织认同度更高。就具体维度而言，组织认同的情感归属（T=

3.964，P=0.000<0.01）、人际关系（T=2.143，P=0.033<0.05）、事业发展（T=2.451，P=0.015<0.05）三个维度男女差异明显，价值融合维度（T=0.409，P=0.683>0.05）男女差异不显著。

2. 不同年龄企业中层管理者的组织认同

表 5-31 不同年龄企业中层管理者组织认同及各维度比较（N=311）

		平方和	df	均方	F	P
情感归属	组间	13.269	4	3.317	3.222	0.013
	组内	315.074	306	1.030		
	总数	328.344	310			
人际关系	组间	7.233	4	1.808	3.348	0.011
	组内	165.270	306	0.540		
	总数	172.503	310			
事业发展	组间	4.223	4	1.056	1.094	0.359
	组内	295.216	306	0.965		
	总数	299.439	310			
价值融合	组间	8.564	4	2.141	2.448	0.046
	组内	267.581	306	0.874		
	总数	276.146	310			
组织认同	组间	6.710	4	1.677	3.171	0.014
	组内	161.869	306	0.529		
	总数	168.578	310			

对不同年龄企业中层管理者的组织认同进行单因素方差分析，结果如表 5-31 所示，组织认同整体（F=3.171，P=0.014<0.05）、情感归属维度（F=3.222，P=0.013<0.05）、人际关系维度（F=3.348，P=0.011<0.05）、价值融合维度（F=2.448，P=0.046<0.05）均存在显著差异，在事业发展维度（F=1.094，P=0.359>0.05）上各年龄段企业中层管理者不存在显著差异性。从总体趋势来看，企业中层管理者组织认同在 35 岁之前没有明显变化，35 岁后迅速下降，40 岁之后组织认同感又迅速提升（见表 5-32 和图 5-6）。

表 5-32 不同年龄企业中层管理者组织认同及各维度描述性统计（N = 311）

		25 岁以下	25~30 岁	30~35 岁	35~40 岁	40 岁以上
情感归属	M	3.203	3.242	3.288	2.740	4.000
	SD	0.951	0.967	1.099	1.087	1.167

续表

		25 岁以下	25~30 岁	30~35 岁	35~40 岁	40 岁以上
人际关系	M	3.774	3.824	4.009	3.614	4.444
	SD	0.815	0.790	0.598	0.656	0.500
事业发展	M	3.475	3.544	3.489	3.500	4.185
	SD	0.833	1.014	1.087	0.817	1.015
价值融合	M	3.814	3.759	3.712	3.510	4.593
	SD	0.993	0.966	0.886	0.884	0.494
组织认同	M	3.566	3.592	3.624	3.341	4.306
	SD	0.711	0.744	0.730	0.734	0.460

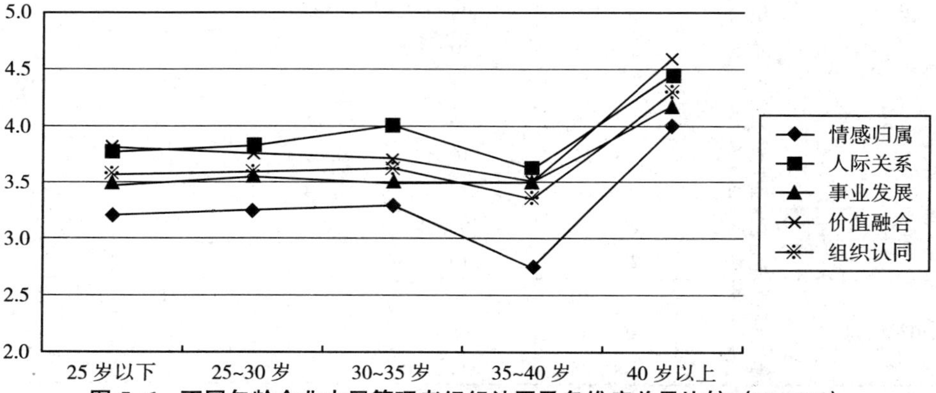

图 5-6 不同年龄企业中层管理者组织认同及各维度差异比较（N = 311）

进一步采用最小显著差异法（Least Singificant Difference，LSD）进行多重比较发现：①就“组织认同”依变量而言，“40 岁以上”组群体显著高于其他各群体；②就“情感归属”依变量而言，“40 岁以上”组群体显著高于其他各群体，“35~40 岁”组群体显著低于其他各群体；③就“人际关系”依变量而言，“40 岁以上”组群体显著高于“25 岁以下”、“25~30 岁”、“35~40 岁”其他各群体，“30~35 岁”组群体显著高于“35~40 岁”组群体；④就“事业发展”依变量而言，“40 岁以上”组群体显著高于“25 岁以下”和“30~35 岁”组群体；⑤就“价值融合”依变量而言，“40 岁以上”组群体显著高于其他各群体。

3. 不同教育程度企业中层管理者的组织认同

对不同受教育程度企业中层管理者的组织认同进行单因素方差分析，结果如表 5–33 所示，不同受教育程度的企业中层管理者在组织认同整体（F=8.418，P=0.000<0.01）、人际关系维度（F=5.783，P=0.000<0.01）、事业发展维度（F=4.901，P=0.001<0.01）、情感归属维度（F=6.508，P=0.000<0.01）方面均存在显著差异。总体趋势来看，高中及以下的企业中层管理者组织认同度较高，专科教育程度最低，本科教育程度的企业中层管理者组织认同感有所上升，硕士以上又有所下降（见表 5–34 和图 5–7）。

表 5–33　不同受教育程度企业中层管理者组织认同及各维度比较（N = 311）

		平方和	df	均方	F	P
情感归属	组间	25.745	4	6.436	6.508	0.000
	组内	302.599	306	0.989		
	总数	328.344	310			
人际关系	组间	12.124	4	3.031	5.783	0.000
	组内	160.379	306	0.524		
	总数	172.503	310			
事业发展	组间	18.028	4	4.507	4.901	0.001
	组内	281.411	306	0.920		
	总数	299.439	310			
价值融合	组间	33.289	4	8.322	10.486	0.000
	组内	242.857	306	0.794		
	总数	276.146	310			
组织认同	组间	16.712	4	4.178	8.418	0.000
	组内	151.867	306	0.496		
	总数	168.578	310			

进一步多重比较（LSD）发现：①就“组织认同”依变量而言，“高中及以下”组群体显著高于“专科”、“本科”、“硕士”各组群体，“专科”组群体显著低于“本科”和“硕士”组群体；②就“情感归属”依变量而言，“专科”组群体显著低于其他各群体，“博士”组群体显著高于“硕士”和“本科”组群体；③就“人际关系”依变量而言，“专科”组群体显著低于除“博士”外的其他各群体；④就“事业

发展”依变量而言，“专科”组群体显著低于除“博士”外的其他各群体，“高中及以下”组群体显著高于“本科”组群体；⑤就“价值融合”依变量而言，“高中及以下”组群体显著高于“专科”、“本科”、“硕士”各组群体，“本科”组群体显著高于“专科”和“硕士”组群体。

表 5-34 不同受教育程度企业中层管理者组织认同及各维度描述性统计（N = 311）

		高中及以下	专科	本科	硕士	博士
情感归属	M	3.667	2.630	3.343	3.036	4.222
	SD	0.697	1.274	0.989	0.761	0.385
人际关系	M	4.117	3.444	3.881	4.101	3.333
	SD	0.477	0.932	0.702	0.6512	0.276
事业发展	M	4.223	3.074	3.572	3.667	2.778
	SD	0.592	1.094	0.932	0.989	1.347
价值融合	M	4.556	3.200	3.917	3.385	3.667
	SD	0.329	1.160	0.785	1.118	0.577
组织认同	M	4.139	3.087	3.679	3.547	3.500
	SD	0.457	0.965	0.659	0.666	0.300

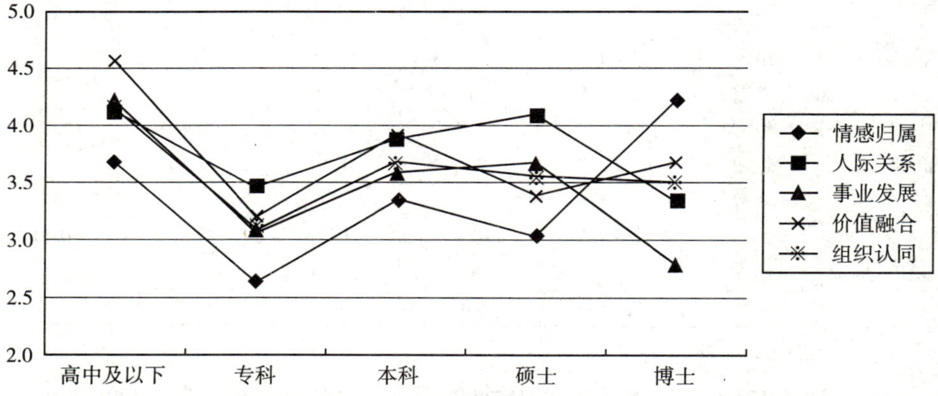

图 5-7 不同受教育程度企业中层管理者组织认同及各维度差异比较（N = 311）

4. 不同婚姻状况企业中层管理者的组织认同

独立样本 T 检验结果表明，不同婚姻状况企业中层管理者的组织认同没有显著差异（T=-0.333，P=0.739>0.05）。具体到组织认同的各维度，未婚比已婚的企业中层管理者具有更高价值融合维度的组织认同感（T=2.688，P=0.008<0.05），在其他情感归属（T=-1.291，P=0.198>0.05）、人际关系（T=-1.944，P=0.053>0.05）和事业发展（T=-0.737，P=0.462>0.05）维度上不存在显著差异。

表 5-35 不同婚姻状况企业中层管理者组织认同及各维度比较（N = 311）

	婚姻状况	N	M	SD	T	P
情感归属	未婚	131	3.127	0.917	-1.291	0.198
	已婚	180	3.280	1.102		
人际关系	未婚	131	3.758	0.8081	-1.944	0.053
	已婚	180	3.924	0.691		
事业发展	未婚	131	3.484	0.898	-0.737	0.462
	已婚	180	3.567	1.041		
价值融合	未婚	131	3.924	0.936	2.688	0.008
	已婚	180	3.635	0.933		
组织认同	未婚	131	3.573	0.688	-0.333	0.739
	已婚	180	3.601	0.773		

二、组织学变量的影响分析

1. 不同工作年限企业中层管理者的组织认同

对不同工作年限企业中层管理者的组织认同进行单因素方差分析，结果如表 5-36 所示，不同工作年限的企业中层管理者在组织认同整体（F=1.418，P=0. 218>0.05）上不存在显著差异。具体来说，不同工作年限企业中层管理者在组织认同的价值融合维度（F=4.759，P=0.000<0.01）上存在显著差异，在人际关系维度（F=1.239，P=0.290>0.05）、情感归属维度（F=1.261，P=0.281>0.05）、事业发展维度（F=1.364，P=0.238>0.05）方面均不存在显著差异。总体趋势来看，不同工作年限的企业中层管理者组织认同度呈余弦曲线状波动（见表 5-37 和图 5-8）。

进一步多重比较（LSD）发现：①就"组织认同"依变量而言，"7~9 年"组群体显著低于"5~7 年"和"10 年以上"组群体；②就"情感归属"依变量而言，"3~5 年"组群体显著高于"7~9 年"组群体；③就"人际关系"依变量而言，"5~7 年"组群体显著低于"10 年以上”组群体；④就“事业发展”依变量而言，各组群体间没有显著差异；⑤就“价值融合”依变量而言，“5~7 年”组群体显著高于“1 年以下”、“1~3 年”、“7~9 年”和“10 年以上”各组群体，“3~5 年”和“7~9 年”组群体显著低于其他各组群体。

表 5-36 不同工作年限企业中层管理者组织认同及各维度比较（N = 311）

		平方和	df	均方	F	P
情感归属	组间	6.649	5	1.330	1.261	0.281
	组内	321.694	305	1.055		
	总数	328.344	310			
人际关系	组间	3.435	5	0.687	1.239	0.290
	组内	169.068	305	0.554		
	总数	172.503	310			
事业发展	组间	6.549	5	1.310	1.364	0.238
	组内	292.890	305	0.960		
	总数	299.439	310			
价值融合	组间	19.985	5	3.997	4.759	0.000
	组内	256.161	305	0.840		
	总数	276.146	310			
组织认同	组间	3.829	5	0.766	1.418	0.218
	组内	164.749	305	0.540		
	总数	168.578	310			

表 5-37 不同工作年限企业中层管理者组织认同及各维度描述性统计（N = 311）

		1 年内	1~3 年	3~5 年	5~7 年	7~9 年	10 年以上
情感归属	M	3.320	3.260	3.366	3.234	2.854	3.262
	SD	0.825	1.021	0.920	0.893	1.362	1.066
人际关系	M	3.744	3.932	3.957	3.730	3.789	3.971
	SD	0.536	0.846	0.643	0.838	0.875	0.525
事业发展	M	3.756	3.384	3.591	3.687	3.333	3.476
	SD	0.593	1.039	0.984	0.868	1.204	1.021
价值融合	M	3.872	3.706	3.398	4.060	3.325	3.805
	SD	0.870	1.111	1.059	0.599	1.175	0.825
组织认同	M	3.673	3.571	3.578	3.678	3.325	3.629
	SD	0.482	0.835	0.765	0.563	1.035	0.679

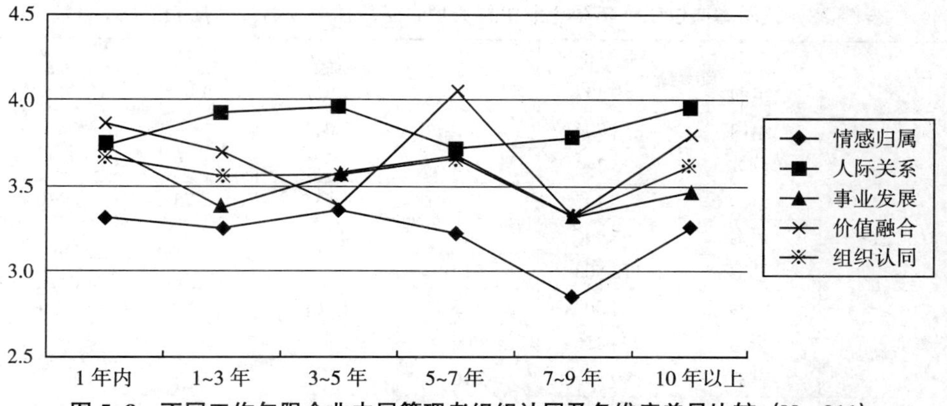

图 5-8 不同工作年限企业中层管理者组织认同及各维度差异比较（N=311）

2. 不同本岗位工作年限企业中层管理者的组织认同

对不同本岗位工作年限企业中层管理者的组织认同进行单因素方差分析，结果如表 5-38 所示，不同本岗位工作年限企业中层管理者在组织认同整体（F=2.415，P=0.036<0.05）上存在显著差异。具体来说，不同本岗位工作年限的企业中层管理者在组织认同的人际关系维度（F=2.737，P=0.019<0.05）和价值融合维度（F=4.835，P=0.000<0.01）上存在显著差异，在情感归属维度（F=1.845，P=0.104>0.05）和事业发展维度（F=1.100，P=0.361>0.05）上不存在显著差异。总体趋势来看，不同本岗位工作年限企业中层管理者的组织认同度随着本岗位工作年限增加缓慢上升，到 5~7 年时下降明显，7~9 年时达到最低，之后又有所提升（见表 5-39 和图 5-9）。

进一步多重比较（LSD）发现：①就“组织认同”依变量而言，“7~9 年”组群体显著低于其他组群体；②就“情感归属”依变量而言，“7~9 年”组群体显著低于其他组群体；③就“人际关系”依变量而言，“7~9 年”组群体显著低于其他组群体；④就“事业发展”依变量而言，各组群体间没有显著差异；⑤就“价值融合”依变量而言，“3~5 年”组群体显著低于“1~3 年”、“5~7 年”和“10 年以上”各组群体，“7~9 年”组群体显著低于“1~3 年”、“5~7 年”和“10 年以上”各组群体，“1 年以内”组群体显著低于“1~3 年”和“10 年以上”组群体。

表 5-38　不同本岗位工作年限企业中层管理者组织认同及各维度比较（N = 311）

		平方和	df	均方	F	P
情感归属	组间	9.637	5	1.927	1.845	0.104
	组内	318.706	305	1.045		
	总数	328.344	310			
人际关系	组间	7.407	5	1.481	2.737	0.019
	组内	165.096	305	0.541		
	总数	172.503	310			
事业发展	组间	5.303	5	1.061	1.100	0.361
	组内	294.136	305	0.964		
	总数	299.439	310			
价值融合	组间	20.282	5	4.056	4.835	0.000
	组内	255.864	305	0.839		
	总数	276.146	310			
组织认同	组间	6.419	5	1.284	2.415	0.036
	组内	162.160	305	0.532		
	总数	168.578	310			

表 5-39　不同本岗位工作年限企业中层管理者组织认同及各维度描述性统计（N = 311）

		1 年内	1~3 年	3~5 年	5~7 年	7~9 年	10 年以上
情感归属	M	3.129	3.215	3.318	3.312	2.394	3.393
	SD	0.779	1.054	0.999	1.189	1.490	0.817
人际关系	M	3.889	3.809	3.864	3.979	3.152	4.036
	SD	0.544	0.862	0.668	0.737	0.970	0.367
事业发展	M	3.491	3.470	3.796	3.575	3.152	3.548
	SD	0.893	0.903	0.854	1.252	1.099	1.116
价值融合	M	3.503	3.925	3.455	3.865	3.061	4.095
	SD	1.088	0.811	0.845	1.044	1.153	0.736
组织认同	M	3.503	3.605	3.608	3.683	2.939	3.768
	SD	0.591	0.704	0.709	0.955	1.050	0.513

3. 不同企业性质企业中层管理者的组织认同

对不同企业性质的企业中层管理者的组织认同做单因素方差分析，结果如表 5-40 所示，不同企业性质的企业中层管理者在组织认同整体（F=3.358，P=0. 010<0.05）上存在显著差异。具体来说，不同企业性质企业的中层管理者在组织认同的价值融合维度（F=2.046，P=0.088>0.01）、事业发展维度（F=1.497，P=0.203>0.05）上不存在显著差异，

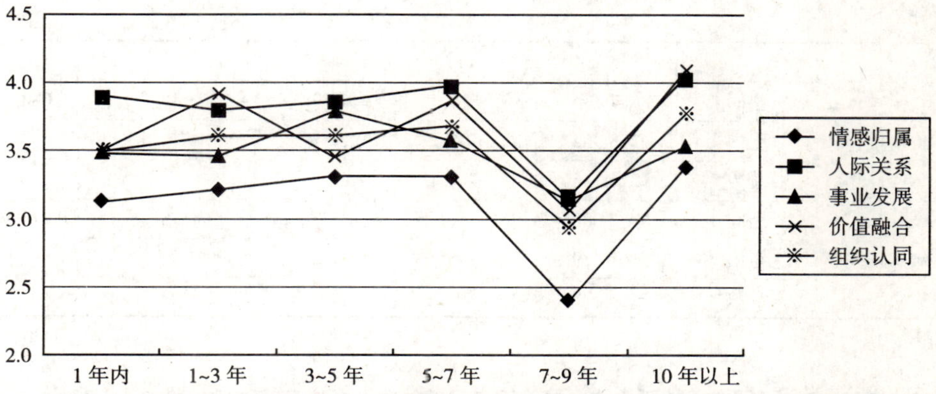

图 5-9 不同本岗位工作年限企业中层管理者组织认同及各维度差异比较（N = 311）

人际关系维度（F=5.011，P=0.001<0.05）、情感归属维度（F=4.142，P=0.003<0.05）方面均存在显著差异。总体趋势来看，不同企业性质的企业中层管理者组织认同度呈余弦曲线状波动（见表 5-41 和图 5-10）。

进一步多重比较（LSD）发现：①就“组织认同”依变量而言，“民营”和“外资”组群体显著低于“国有独资”、“合资”和“国有控股”组群体；②就“情感归属”依变量而言，“国有独资”组群体显著高于其他各组群体；③就“人际关系”依变量而言，“民营”组群体显著低于其他各组群体；④就“事业发展”依变量而言，“外资”组群体显著低于其他各组群体；⑤就“价值融合”依变量而言，“外资”组群体显著低于其他各组群体。

表 5-40 不同企业性质企业中层管理者组织认同及各维度比较（N = 311）

		平方和	df	均方	F	P
情感归属	组间	16.865	4	4.216	4.142	0.003
	组内	311.479	306	1.018		
	总数	328.344	310			
人际关系	组间	10.605	4	2.651	5.011	0.001
	组内	161.898	306	0.529		
	总数	172.503	310			
事业发展	组间	5.747	4	1.437	1.497	0.203
	组内	293.692	306	0.960		
	总数	299.439	310			

续表

		平方和	df	均方	F	P
价值融合	组间	7.194	4	1.798	2.046	0.088
	组内	268.952	306	0.879		
	总数	276.146	310			
组织认同	组间	7.089	4	1.772	3.358	0.010
	组内	161.489	306	0.528		
	总数	168.578	310			

表 5-41　不同企业性质企业中层管理者组织认同及各维度描述性统计（N = 311）

		国有独资	国有控股	民营	合资	外企
情感归属	M	3.654	3.426	3.095	3.144	2.962
	SD	0.862	1.344	0.976	1.070	0.901
人际关系	M	4.138	3.778	3.683	3.937	4.053
	SD	0.450	0.940	0.724	0.671	0.847
事业发展	M	3.786	3.639	3.449	3.550	3.386
	SD	1.034	0.947	0.832	0.979	1.324
价值融合	M	3.906	3.935	3.671	3.964	3.530
	SD	0.812	0.839	1.025	0.860	0.919
组织认同	M	3.871	3.694	3.475	3.649	3.483
	SD	0.591	0.876	0.673	0.776	0.855

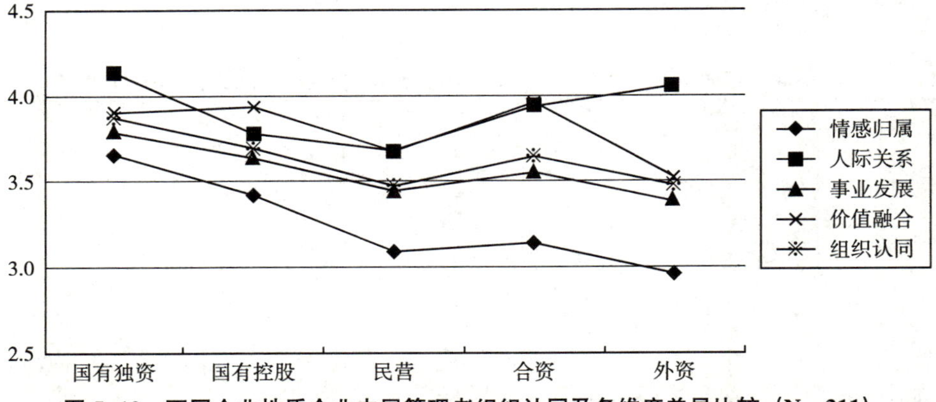

图 5-10　不同企业性质企业中层管理者组织认同及各维度差异比较（N = 311）

4. 不同企业发展阶段企业中层管理者的组织认同

对不同企业发展阶段企业中层管理者的组织认同进行单因素方差分析，结果如表 5-42 所示，不同企业发展阶段企业中层管理者在组织认同整体（F=8.939，P=0.000<0.01）上存在显著差异。具体来说，不同企业发展阶段企业中层管理者在组织认同的人际关系维度（F=7.368，P=0.000<0.01）、情感归属维度（F=9.900，P=0.000<0.01）、事业发展维度（F=7.313，P=0.000<0.01）和价值融合维度（F=5.206，P=0.000<0.01）上都存在显著差异。总体趋势来看，不同企业发展阶段企业中层管理者的组织认同感随着企业由初创到成熟不断上升，企业衰退期迅速下降，企业成功转型后，组织认同感又会迅速上升（见表 5-43 和图 5-11）。

表 5-42 不同企业发展阶段企业中层管理者组织认同及各维度比较（N＝311）

		平方和	df	均方	F	P
情感归属	组间	37.624	4	9.406	9.900	0.000
	组内	290.720	306	0.950		
	总数	328.344	310			
人际关系	组间	15.155	4	3.789	7.368	0.000
	组内	157.349	306	0.514		
	总数	172.503	310			
事业发展	组间	26.127	4	6.532	7.313	0.000
	组内	273.312	306	0.893		
	总数	299.439	310			
价值融合	组间	17.594	4	4.398	5.206	0.000
	组内	258.552	306	0.845		
	总数	276.146	310			
组织认同	组间	17.638	4	4.409	8.939	0.000
	组内	150.940	306	0.493		
	总数	168.578	310			

进一步多重比较（LSD）发现：①就“组织认同”依变量而言，“衰退期”组群体显著低于其他各组群体，“初创期”组群体显著低于“转型期”组群体；②就“情感归属”依变量而言，“衰退期”组群体显著低于其他各组群体，“初创期”组群体显著低于“成长期”和“成

熟期”组群体；③就“人际关系”依变量而言，“衰退期”组群体显著低于其他各组群体，“初创期”组群体显著低于“成长期”、“成熟期”和“转型期”组群体，“成长期”组群体显著低于“成熟期”组群体；④就“事业发展”依变量而言，“转型期”组群体显著低于其他各组群体；⑤就“价值融合”依变量而言，“衰退期”组群体显著低于其他各组群体，“成熟期”组群体显著低于“初创期”和“转型期”组群体，“成长期”组群体显著低于“转型期”组群体。

表 5-43 不同企业发展阶段企业中层管理者组织认同及各维度描述性统计（N = 311）

		初创期	成长期	成熟期	衰退期	转型期
情感归属	M	2.910	3.403	3.385	2.001	3.404
	SD	0.920	1.069	0.751	1.004	1.245
人际关系	M	3.643	3.858	4.082	3.251	4.193
	SD	0.719	0.841	0.570	0.258	0.548
事业发展	M	3.854	3.343	3.628	3.654	2.479
	SD	0.746	0.814	0.934	0.996	1.265
价值融合	M	3.962	3.755	3.593	3.063	4.263
	SD	0.907	0.912	0.922	1.237	0.653
组织认同	M	3.464	3.661	3.679	2.698	3.956
	SD	0.645	0.782	0.595	0.802	0.640

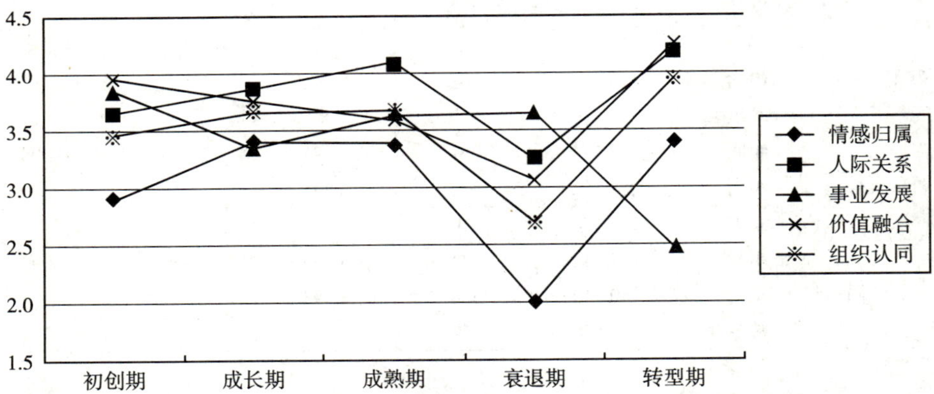

图 5-11 不同企业发展阶段企业中层管理者组织认同及各维度差异比较（N = 311）

5. 不同同级人员规模企业中层管理者的组织认同

对不同同级人员规模企业中层管理者的组织认同进行单因素方差分析，结果如表 5-44 所示，组织认同整体（F=3.228，P=0.013<0.05）、

情感归属维度（F=3.963，P=0.004<0.05）、人际关系维度（F=2.453，P=0.046<0.05）、事业发展维度（F=2.458，P=0.046<0.05）和价值融合维度（F=5.703，P=0.000<0.05）均存在显著差异。总体趋势来看，企业中层管理者组织认同随着本组织同级人员规模的增加而下降，人员规模超过 20 人后组织认同感又缓慢提升（见表 5-45 和图 5-12）。

表 5-44 不同同级人员规模企业中层管理者组织认同及各维度比较（N = 311）

		平方和	df	均方	F	P
情感归属	组间	16.171	4	4.043	3.963	0.004
	组内	312.172	306	1.020		
	总数	328.344	310			
人际关系	组间	5.359	4	1.340	2.453	0.046
	组内	167.144	306	0.546		
	总数	172.503	310			
事业发展	组间	9.322	4	2.330	2.458	0.046
	组内	290.117	306	0.948		
	总数	299.439	310			
价值融合	组间	19.159	4	4.790	5.703	0.000
	组内	256.987	306	0.840		
	总数	276.146	310			
组织认同	组间	6.826	4	1.706	3.228	0.013
	组内	161.753	306	0.529		
	总数	168.578	310			

进一步多重比较（LSD）发现：①就“组织认同”依变量而言，“5 人以下”组群体显著高于其他组群体；②就“情感归属”依变量而言，“5 人以下”组群体显著高于“5~10 人”、“15~20 人”和“20 人以上”组群体，“5~10 人”组群体显著高于“15~20 人”组群体；③就“人际关系”依变量而言，“5 人以下”组群体显著高于“5~10 人”、“10~15 人”组群体，“20 人以上”组群体显著高于“5~10 人”组群体；④就“事业发展”依变量而言，“15~20 人”组群体显著低于其他各组群体；⑤就“价值融合”依变量而言，“10~15 人”组群体显著低于“5 人以下”、“5~10 人”和“15~20 人”各组群体，“25 人以下”组群体显著高于其他各组群体。

表 5-45　不同同级人员规模企业中层管理者组织认同及各维度描述性统计（N＝311）

		5 人以下	5~10 人	10~15 人	15~20 人	20 人以上
情感归属	M	3.739	3.200	3.233	2.698	3.162
	SD	1.034	0.928	0.859	1.370	1.015
人际关系	M	4.027	3.716	3.600	3.825	3.944
	SD	0.904	0.776	0.681	0.501	0.701
事业发展	M	3.811	3.561	3.650	3.00	3.500
	SD	0.687	0.910	1.029	1.038	1.059
价值融合	M	4.225	3.902	3.250	3.841	3.592
	SD	0.770	0.838	1.302	0.583	0.977
组织认同	M	3.951	3.595	3.433	3.341	3.550
	SD	0.718	0.627	0.745	0.777	0.781

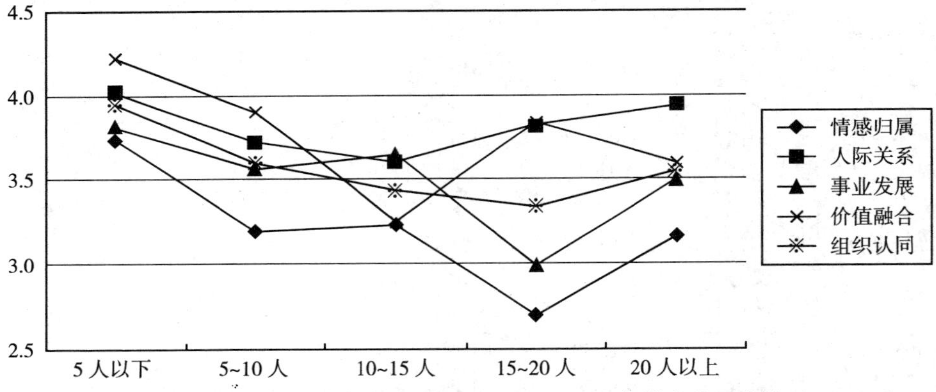

图 5-12　不同同级人员规模企业中层管理者组织认同及各维度差异比较（N＝311）

第七节　基于 AMOS 结构方程建模的假设检验

一、研究假设的结构方程初始模型检验

借助 AMOS 软件，我们构建企业中层管理者组织认同影响因素的结构方程初始模型，如图 5-13 所示。初始模型的拟合情况如表 5-46 所示，值为 605.089；自由度 df 为 235；χ^2/df 为 2.575，符合 Wheaton

等（1977）建议该指标小于 5 为可接受的要求；[113] RMSEA 为 0.071，符合 Steiger（1990）建议该指标小于 0.1 为较好拟合的要求；[114] GFI 为 0.866，NFI 为 0.921，CFI 为 0.950，除 GFI 外，其他指标都达到了温忠麟等（2004）建议的优秀拟合的标准，[115] 但根据 Bentler（1995）的建议，当 CFI≥0.9 时，GFI≥0.85 即为满意拟合。[116] 因此，综合各项拟合指标，初始结构模型拟合情况良好。基于结构方程初始模型的假设检验结果如表 5-47 所示。

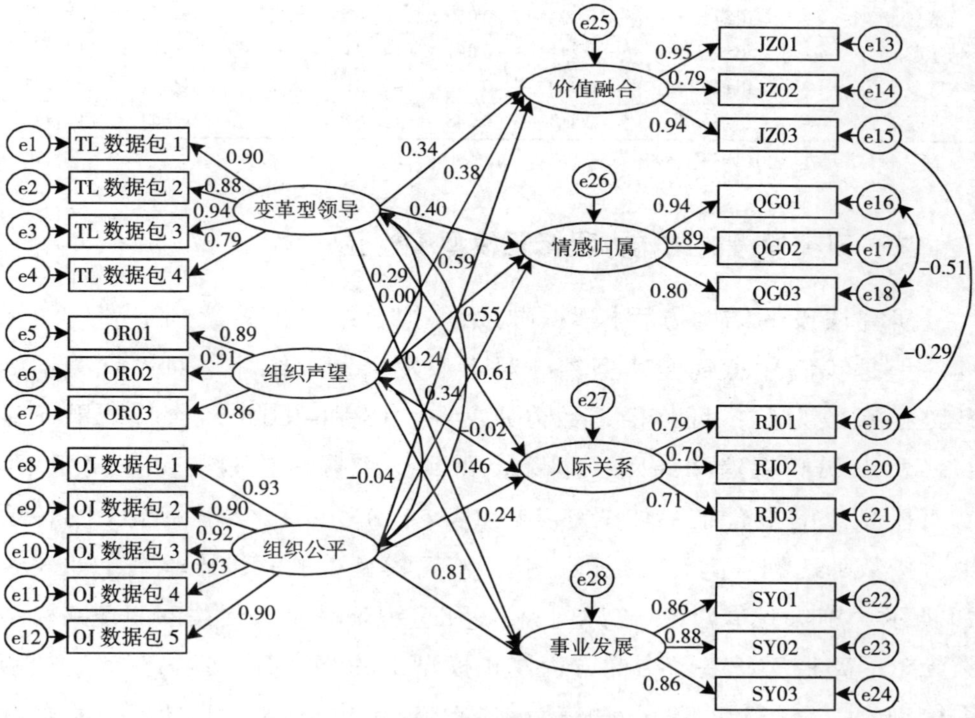

图 5-13 结构方程初始模型及标准化路径系数（N = 311）

表 5-46 结构方程初始模型的拟合指数（N = 311）

拟合指标	χ^2	df	χ^2/df	GFI	RMSEA	NFI	CFI
指标值	605.089	235	2.575	0.866	0.071	0.921	0.950

表 5-47 结构方程初始模型的假设检验结果（N = 311）

影响路径			标准化路径系数	S.E.	C.R.	P	假设检验结果
价值融合	<---	变革型领导	0.339	0.076	4.864	***	显著，支持假设
情感归属	<---	变革型领导	0.383	0.074	6.293	***	显著，支持假设
人际关系	<---	变革型领导	0.550	0.058	7.039	***	显著，支持假设
事业发展	<---	变革型领导	-0.016	0.047	-0.352	0.724	不显著，不支持假设
价值融合	<---	组织声望	0.403	0.060	6.418	***	显著，支持假设
情感归属	<---	组织声望	0.293	0.057	5.489	***	显著，支持假设
人际关系	<---	组织声望	0.342	0.044	5.153	***	显著，支持假设
事业发展	<---	组织声望	0.237	0.038	5.764	***	显著，支持假设
价值融合	<---	组织公平	0.004	0.059	0.062	0.951	不显著，不支持假设
情感归属	<---	组织公平	0.244	0.057	4.734	***	显著，支持假设
人际关系	<---	组织公平	-0.040	0.043	-0.631	0.528	不显著，不支持假设
事业发展	<---	组织公平	0.813	0.048	16.161	***	显著，支持假设

注：*** 表示在 0.001 水平上显著。

二、研究假设的结构方程修正模型Ⅰ检验

研究假设的结构方程模型（初始）拟合结果虽然达到了满意的标准，但是我们注意到变革型领导对事业发展和组织公平对人际关系两条路径系数为负，且路径系数分别为-0.016 和-0.040，检验结果不显著，所以我们将这两条路径剔除，得到研究假设检验的修正模型Ⅰ。修正模型Ⅰ的拟合结果如图 5-14 和表 5-48 所示，修正模型Ⅰ的各项拟合指数都达到了满意的标准，基于修正模型Ⅰ的假设检验结果如表5-49 所示。剔除变革型领导对事业发展和组织公平对人际关系两条路径系数为负的路径后，基于结构方程修正模型Ⅰ的路径系数皆为正。比较两个模型的拟合指数，除 χ^2/df 值由 2.575 降为 2.555 外，其他拟合指数并没有太大的变化。根据简约原则，我们接受结构方程修正模型Ⅰ。

三、研究假设的结构方程修正模型Ⅱ检验

观察基于修正模型Ⅰ获得的路径系数，我们发现组织公平对价值融合的路径系数与初始模型相比，没有变化，仍然为 0.004，不显著。剔除这一路径，得到研究假设检验的修正模型Ⅱ。修正模型Ⅱ的拟合

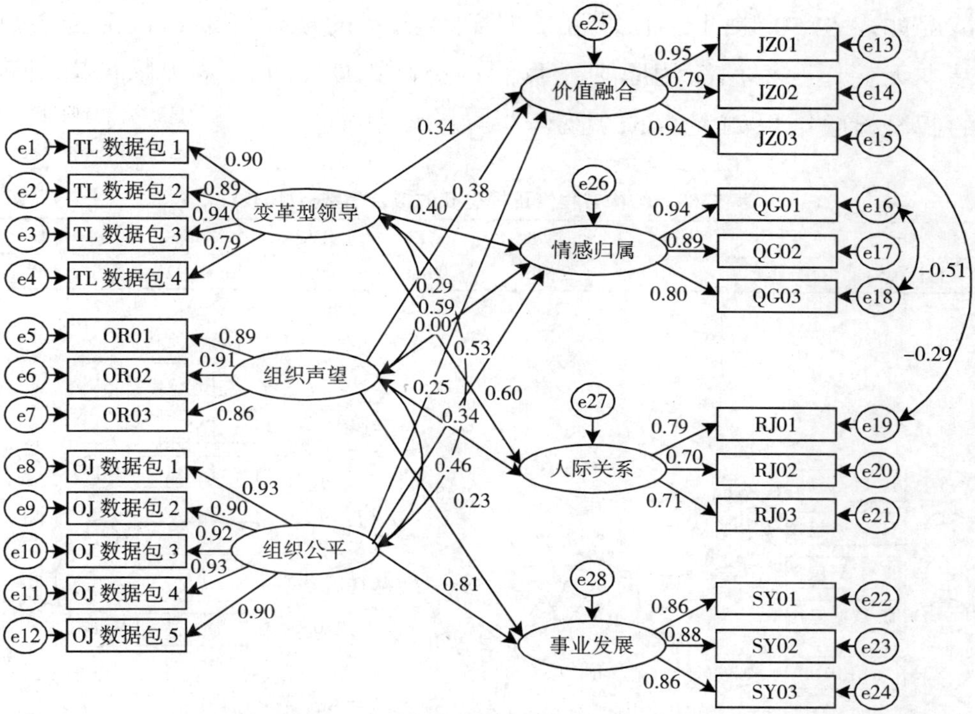

图 5-14 结构方程修正模型 I 及标准化路径系数（N=311）

表 5-48 结构方程修正模型 I 的拟合指数（N=311）

拟合指标	χ^2	df	χ^2/df	GFI	RMSEA	NFI	CFI
指标值	605.609	237	2.555	0.866	0.071	0.921	0.950

表 5-49 结构方程修正模型 I 的假设检验结果（N=311）

影响路径			标准化路径系数	S.E.	C.R.	P	假设检验结果
价值融合	<---	变革型领导	0.369	0.076	4.888	***	显著，支持假设
情感归属	<---	变革型领导	0.463	0.073	6.307	***	显著，支持假设
人际关系	<---	变革型领导	0.393	0.052	7.585	***	显著，支持假设
价值融合	<---	组织声望	0.385	0.060	6.412	***	显著，支持假设
情感归属	<---	组织声望	0.311	0.057	5.478	***	显著，支持假设
人际关系	<---	组织声望	0.221	0.043	5.123	***	显著，支持假设
事业发展	<---	组织声望	0.212	0.033	6.343	***	显著，支持假设
价值融合	<---	组织公平	0.004	0.059	0.059	0.953	不显著，不支持假设
情感归属	<---	组织公平	0.271	0.057	4.774	***	显著，支持假设
事业发展	<---	组织公平	0.771	0.044	17.356	***	显著，支持假设

注：*** 表示在 0.001 水平上显著。

情况如表 5–50 和图 5–15 所示，达到了满意的拟合标准，且拟合指数基本无变化。根据简约原则，我们接受修正模型Ⅱ。基于修正模型Ⅱ的假设检验结果如表 5–51 所示。

表 5–50　结构方程修正模型Ⅱ的拟合指数（N=311）

拟合指标	χ^2	df	χ^2/df	GFI	RMSEA	NFI	CFI
指标值	605.613	238	2.545	0.866	0.071	0.921	0.950

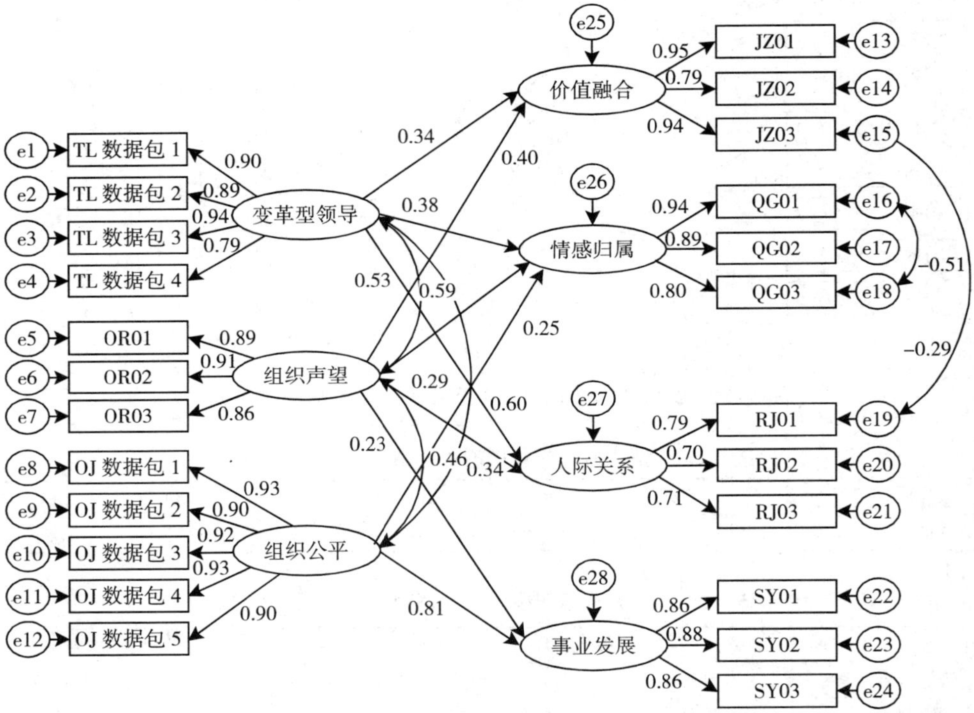

图 5–15　结构方程修正模型Ⅱ及标准化路径系数（N=311）

表 5–51　结构方程修正模型Ⅱ的假设检验结果（N=311）

影响路径			标准化路径系数	S.E.	C.R.	P	假设检验结果
价值融合	<---	变革型领导	0.342	0.067	5.547	***	显著，支持假设
情感归属	<---	变革型领导	0.383	0.073	6.309	***	显著，支持假设
人际关系	<---	变革型领导	0.528	0.052	7.585	***	显著，支持假设
价值融合	<---	组织声望	0.403	0.059	6.486	***	显著，支持假设
情感归属	<---	组织声望	0.292	0.057	5.479	***	显著，支持假设
人际关系	<---	组织声望	0.336	0.043	5.123	***	显著，支持假设

续表

影响路径			标准化路径系数	S.E.	C.R.	P	假设检验结果
事业发展	<---	组织声望	0.230	0.033	6.344	***	显著，支持假设
情感归属	<---	组织公平	0.246	0.057	4.773	***	显著，支持假设
事业发展	<---	组织公平	0.806	0.044	17.356	***	显著，支持假设

注：*** 表示在 0.001 水平上显著。

本章小结

本章研究的目的是考察企业中层管理者组织认同的主要影响因素及作用路径。首先，在进行企业深度访谈和文献研究的基础上，构建了企业中层管理者组织认同影响因素的概念模型和研究假设，并通过小样本调查，对各影响因素量表进行了 CITC、信度和单维度分析；其次，在大样本调查的基础上，对各影响因素量表进行了验证性因子分析，检验了样本的共同方法变异，并分析了不同人口学和组织学变量对企业中层管理者组织认同及各维度的影响；最后，构建结构方程模型对企业中层管理者组织认同影响因素的作用路径进行了检验。

第六章　组织认同对企业中层管理者工作态度的作用机理研究

通过第三章、第四章对中层管理者组织认同结构维度和测量方法的研究，我们获得了中国文化背景下针对企业中层管理者组织认同的测量方法。在第五章，我们对企业中层管理者组织认同的影响因素和不同人口学（年龄、性别、婚姻状况、受教育程度等）与组织学特征（工龄、企业性质、规模、发展阶段、同级人员规模等）在组织认同上的差异进行了分析。那么，对企业的中层管理者来说，组织认同怎样影响他们的工作行为和态度呢？本章我们就组织认同对企业中层管理者工作行为和态度的作用机理进行深入的研究和探讨。

第一节　模型构建与假设提出

一、访谈调查及模型构建

我们之前的文献研究发现，现在学者们探讨的焦点集中于组织认同情况下的员工行为和态度研究，如组织公民行为就是一个研究比较多的结果变量。因此，我们将研究的视角聚焦于“如果对组织不认同，企业中层管理者们的工作行为和态度会是什么样子”。为了了解企业中层管理者对组织不认同情况下的工作行为和态度，与第五章的研究一样，我们选取茌原空调、绿叶制药、东方电子、泰鸿橡胶、中宠食品等11家企业的40名中层管理者作为研究样本，围绕"您觉得作为企业的中层管理者如果不认同组织的话，会有哪些表现呢？您能不能举个例子，具体谈一下这种表现的原因呢？"这一焦点问题，进行深度访谈。访谈同样遵循"饱和"原则，即当访谈内容中不能再产生新的内容时，我们认为是理论饱和，停止继续访谈。访谈资料影响因素提炼过程示例如表6-1所示。

表6-1 组织认同作用机理访谈资料提炼过程示例

典型语句示例	精炼描述	因素提炼
我觉得……如果不认同，工作肯定是消极的……唠唠叨叨的比较多……牢骚比较多，故意降低工作效率。（绿叶制药外贸部部长）	不认同会降低工作效率	反生产行为
我觉得……这个问题不同的人认识的不同，比如我来说……如果我不认同组织，我可能会尽量不出现在我们领导的眼界内，少干一点是一点呗……不过话又说回来，我们公司给我的待遇我还是很满意的，有时候真的不太好意思不好好干，毕竟拿人家那么多钱嘛，呵呵……（泰达集团张主任）	工作满意可能在组织认同和反生产行为之间起中介作用	工作满意感（中介）
不认同？那就发牢骚呗……工作不卖力，阳奉阴违，主动性不足，甚至厉害的，就是离职呗。（绿叶制药李部长）	不认同会导致离职	离职倾向
其实这个问题得分开来看……比如我觉得我是对组织不认同的，但是如果我对工作本身还比较满意的话，那我可能会留下来，不离开组织……毕竟工作本身也可以带给我很多的满足感。（富野集团进出口部部长）	工作满意在组织认同和离职倾向之间可能起中介作用	工作满意感（中介）

根据上述访谈结果分析和第二章的文献梳理，我们得到了企业中层管理者组织认同对员工工作行为和态度作用机理的概念模型，如图6-1所示。

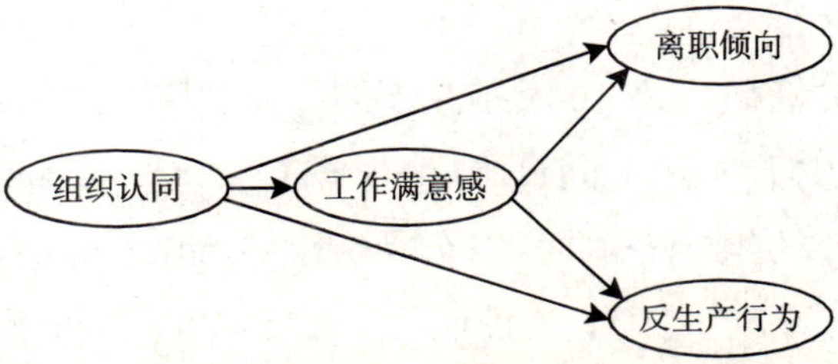

图6-1 组织认同对员工工作行为和态度的作用机理

二、文献研究及假设提出

1. 组织认同与离职倾向

离职倾向作为组织认同的重要结果变量，相关专家已做了较深入的研究。Mael 和 Ashforth（1995）采用美国新征入伍士兵的传记数据，深入探讨了离职行为与组织认同的关系，研究发现，组织认同能够有效预测新征入伍士兵在 6 个时间点（6 个月、10 个月、12 个月、18 个月、21 个月和 24 个月）的离职率。[117] Bamber 和 Iyer（2002）通过对审计者的研究发现，组织认同与个体的离职意向呈负相关，员工的组织认同能够显著降低其离职倾向。[53] Myers 和 Oetzel（2003）[118] 以及 Knippenberg 等（2007）[119] 在研究中都得到了相同的结果。Riketta（2005）的元分析结果也证明了组织认同对离职倾向的负向预测效果。[49] 然而，Cole 和 Bruch（2006）的研究却发现了一个很有意思的现象，组织认同对高层管理者和中层管理者的离职意愿没有显著的预测效应，但是能够预测普通雇员的离职意愿，组织认同对管理者与普通雇员离职意愿的预测效果存在显著性差异。[120] 中国学者对中国情景下组织认同与离职倾向的关系也进行了一定的探索。例如，李永鑫（2009）在针对教师的研究中发现，组织认同与教师的离职意向负相关。[121] 吴菲菲（2011）在针对基层管理者的研究中发现，组织认同与基层管理者的离职倾向具有显著负相关关系，组织认同的积极评价、情感归属、组织认知三个维度，对离职倾向具有预测作用。[122] 戴娜（2009）也通过研究发现，组织认同与离职倾向呈显著负相关关系；而且，领导授权行为、组织认同与离职倾向随着员工受教育水平的变化而产生显著差异。[123]

基于以上文献研究和访谈结果分析，笔者认为组织认同对企业中层管理者的离职倾向有负向影响。根据第三章、第四章的研究结果，企业中层管理者的组织认同可以分为情感归属、价值融合、人际关系和事业发展四个维度。因此，我们可以得到以下四个假设：

H6-1a：情感归属与企业中层管理者的离职倾向显著负相关。

H6-1b：价值融合与企业中层管理者的离职倾向显著负相关。

H6-1c：人际关系与企业中层管理者的离职倾向显著负相关。

H6-1d：事业发展与企业中层管理者的离职倾向显著负相关。

2. 组织认同与反生产行为

反生产行为是指组织成员有意违反组织合法规定，对组织或组织成员合法利益构成威胁的自发行为。[124] 反生产行为是受员工主观意志支配，可自由决定实施与否的角色外行为。[125] 许多学者的研究结果显示，组织认同可以对员工的主观意愿产生重要影响，可以让组织成员产生与组织休戚相关、荣辱与共的感觉；[126] 否则，就容易导致组织成员出现偏私行为。[127] 而偏私行为就是反生产行为的表现之一。因此，我们推测组织认同能够影响组织成员的反生产行为，而部分国内学者的研究也支持了这一推测。中国学者王彦斌(2004) 认为，员工组织认同感低，则易出现不利于组织的行为。[29] 张伟兵等(2011) 认为，管理者可以通过调整自身的领导行为、领导风格和减少辱虐行为的方式来提高员工的组织认同，从而减少员工的反生产行为。[128] 王庆军和张盼 (2012) 在分析知识型核心员工反生产行为管理时，认为领导者可以通过提高群体的组织认同，减少反生产工作行为的发生。[129] 杨立敏 (2012) 通过对吉林省电信行业的劳务派遣工进行问卷调查，发现组织认同对反生产行为具有负向影响，即劳务派遣工的组织认同程度越高，反生产行为越少。[130]

基于以上文献研究和访谈结果分析，笔者认为组织认同对企业中层管理者的反生产行为有负向影响。根据第三章、第四章的研究结果，企业中层管理者的组织认同可以分为情感归属、价值融合、人际关系和事业发展四个维度。因此，我们可以得到以下四个假设：

H6-2a：情感归属与企业中层管理者的反生产行为显著负相关。

H6-2b：价值融合与企业中层管理者的反生产行为显著负相关。

H6-2c：人际关系与企业中层管理者的反生产行为显著负相关。

H6-2d：事业发展与企业中层管理者的反生产行为显著负相关。

3. 组织认同与工作满意感

员工的组织认同感可以产生显著的组织功能作用，个体的组织认同度越高，越可能将自己与组织的价值观和目标融为一体，使“工作”变成自我感觉的一部分，能够增加工作满足感并获得归属感（Knippenbereg 和 Schie，2000）。[131] 相关的研究支持了组织认同对工作满意感的预测作用，如 Hall 等（1970）发现认同是满意感的主要来源。[132] Mael 和 Ashforth（1992）也发现认同和满意感之间存在相关关系。[17] Wegge 等（2006）通过研究证明了组织认同对工作满意感具有预测作用。[133] 后续研究学者以不同的研究对象得出了类似的研究结论。Dick 等（2007）以教师为研究样本，证实了组织认同与教师工作满意感的正相关关系。[134] 熊明良等（2008）以建筑施工企业员工作为样本，研究发现组织认同与工作满意感具有显著正相关关系。[135] Han（2010）以来自韩国六个不同团队的 156 名女性专业舞蹈演员为研究对象，发现组织认同显著影响工作满意感。[136] 李永鑫等（2011）以中国河南省范围内的教师为样本，研究发现组织认同能够正向预测教师的工作满意感。[87] 但也有学者得出了不同的结论，如 Harris 和 Cameron（2005）研究发现，认同虽然能够显著影响个体的自我效能，但是对自尊和满意度的预测不明显。[137]

基于以上文献研究和访谈结果分析，笔者认为组织认同对企业中层管理者的工作满意感有正向影响。根据第三章、第四章的研究结果，企业中层管理者的组织认同可以分为情感归属、价值融合、人际关系和事业发展四个维度。因此，我们可以得到以下四个假设：

H6-3a：情感归属与企业中层管理者的工作满意感显著正相关。

H6-3b：价值融合与企业中层管理者的工作满意感显著正相关。

H6-3c：人际关系与企业中层管理者的工作满意感显著正相关。

H6-3d：事业发展与企业中层管理者的工作满意感显著正相关。

4. 工作满意感与离职倾向

在相关研究成果中，工作满意感经常被作为离职倾向的重要预测变量，Muchinsky 和 Morrow（1980）甚至认为工作满意度是预测员工离职的最佳指标。[138] Mobely（1977）在其构建的员工离职模型中，提出工作满意度直接影响员工的离职倾向。[139] Olsen（1993）认为工作满意度是员工对其在工作中所获价值认知的情绪反应，如果员工无法获得与工作中的付出的对等价值，则会产生离职倾向。[140] Currivan（1999）研究发现教师离职行为与工作满意度及组织承诺有显著关系。[141] De Gieter 等（2011）则以 287 名护士作为研究样本，发现工作满意度能够显著预测护士的离职倾向。[142] 在中国文化背景下，学者们也得出了相同的研究结论。杨庆山和李静（2000）认为，工作满意度和离职意向的关系不是零度相关而是全部负相关。[143] 张勉和李树茁（2001）也认为，总体工作满意度对员工的离职意向表现出非常显著的影响。[144] 赵西萍等（2003）研究发现，对工作本身的满意感是影响员工离职倾向的关键因素。[145] 通过不同研究对象，学者们也得出了类似的结论。杨秀伟等（2005）以高校教师为研究对象，发现工作满意度对离职倾向具有负向影响关系。[146] 叶仁荪等（2005）通过对 499 名国有企业员工进行问卷调查，发现组织承诺和工作满意度与员工离职倾向显著负相关，进一步研究发现，工作满意度能够更好地解释员工离职意向。[147] Zhang 和Feng（2011）以来自中国湖北省的1451 名医生为研究样本，发现工作满意度可以直接预测医生的离职倾向。[148] 张爽等（2012）选取江苏省 5 家高技术企业员工为研究对象，研究结果显示工作满意度和组织承诺对离职意向均有不同程度的影响，与离职意向呈显著负相关。[149]

基于以上文献研究和访谈结果分析，笔者认为工作满意感对企业中层管理者的离职倾向有负向影响。因此，得到以下假设：

H6-4：工作满意感与企业中层管理者的离职倾向显著负相关。

5. 工作满意感与反生产行为

工作满意感作为组织行为学领域的一个重要概念，相关学者对其进行了深入研究。一部分学者将工作满意感界定为个人实际从组织获得的报酬与期望获得的报酬的差距，差距的大小决定了满意度的高低（Porter 等，1968；[150] Smith 等，1969；[151] Cron，1986[152]）。而

Heneman 和 Judge（2000）认为现有的研究成果充分地证明了员工对薪酬不满意能够给组织带来严重的负面影响，这其中也包括反生产行为的出现。[153] 相关学者的研究支持了这一观点，Lau 等（2003）用定性和定量相结合的方法，对影响反生产行为的因素及影响机制进行了研究，其中工作满意感被认为是影响反生产行为的个体因素之一。[154] Dalal（2005）通过元分析，得出了工作满意感与反生产行为负相关的研究结论。[155] Mount 等（2006）以 141 名服务行业的员工为调查对象，研究发现工作满意感与内部反生产行为和组织反生产行为都有直接关系。此外，工作满意感对亲和性和内部反生产行为/组织反生产行为之间的关系起到部分中介作用。[156] 中国学者的研究也得出了类似的结论。中国台湾的何毅锋（2007）以台湾观光旅馆为研究对象，研究发现员工工作满意感与其反生产工作行为显著负相关。[157] 赵旭和胡斌（2012）提出了员工组织公民行为与反生产行为的突变理论模型，并以此分析了反生产行为的形成机制。他认为，工作场所中员工有组织公民行为与反生产行为两个相对稳态的行为状态。员工行为决策由对所处环境的信息的分析加工和对信息的感知归因两个并行过程组成，而员工个人归因的结果最终决定人的行为。如果把员工的满意和不满意视为正、负两种稳态，则当员工满意度感知发生突然变化时，员工的工作行为会发生突变，即组织公民行为会向反生产行为发生突然变化。[158] Guo（2012）认为生产性偏常行为是反生产行为的主要维度之一，他收集了 362 名中国企业员工的数据，运用结构方程模型，检验了儒家思想对于生产性偏常行为的预测作用，以及工作满意感对儒家思想和生产性偏常行为之间关系的中介作用，并分析了生产性偏常行为的三个因素：工作破坏、怠工和退出。研究发现：儒家思想对这些因素具有很大的消极影响。而且，工作满意感对于儒家思想和怠工/退出之间的关系具有部分中介作用。[159]

基于以上文献研究和访谈结果分析，笔者认为工作满意感对企业中层管理者的反生产行为有负向影响。因此，得到以下假设：

H6-5：工作满意感与企业中层管理者的反生产行为显著负相关。

6. 工作满意感在组织认同和离职倾向、反生产行为之间的中介效应

通过文献分析发现，学者们经常将工作满意感和组织认同感及其相关结果变量放在一起进行研究。Efraty 和 Wolfe（1988）通过对 215 名服务型人员的调查研究证明，组织认同对员工的工作满意感有正向影响而对离职倾向有反向影响。[160] De Moura 等（2009）研究发现，组织认同对离职意愿的影响要大于工作满意感对离职意愿的影响。[161] Van Dick（2004）通过对四个不同的样本进行研究，发现工作满意感能够中介组织认同和离职意向。[162]

基于以上文献研究和访谈结果分析，结合研究假设 H6-3、H6-4 和 H6-5，笔者认为工作满意感在组织认同对企业中层管理者的反生产行为和离职倾向作用中起中介效应。因此，得到以下假设：

H6-6：工作满意感是组织认同对离职倾向起影响作用的中介变量。

H6-7：工作满意感是组织认同对反生产行为起影响作用的中介变量。

第二节 测量条款的开发

一、变量初始条款生成

组织认同对企业中层管理者工作态度的作用机理研究所涉的变量包括：工作满意度、离职倾向、反生产行为以及企业中层管理者组织认同。企业中层管理者组织认同的测量已经在第四章进行了实证检验，并从情感归属、人际关系、事业发展和价值融合四个维度刻画和度量。为了确保工作满意度、离职倾向、反生产行为几个新开发的量表具有较好的内容效度和结构效度，笔者决定按照以下步骤来开发相关变量的初始量表。

第一步，在国内外知名期刊上查阅相关变量的成熟量表。如工作满意感量表的设计主要参考了 Tsui 等（1992）[163] 和 Agho 等（1992）[164] 所编制的员工总体满意度量表；离职倾向的测量主要借鉴了 Landau 和 Hammer（1986）[165] 在研究中使用的离职倾向量表；反生产行为的测量主要借鉴了 Kelloway（2002）[166] 在其研究中使用的量表。

第二步，邀请一位组织与人力资源管理方向的教授和五位博士生，对相关量表的翻译准确性进行讨论，并针对本书企业中层管理者的测量情境，对相关量表测量题目的表述进行研讨，以确保测量题目翻译准确，表达符合中国情境。

第三步，邀请企业中层管理者试填问卷并召开研讨会，逐条详细讨论每个测量条目在表达上是否存在歧义，结合被调查者在填写过程中碰到的问题，进一步修订调查问卷。

1. 工作满意感的测量

工作满意感主要包括对工作本身、同事、报酬、晋升机会、直接领导的满意感和总体的满意程度。本书中工作满意感量表的设计主要参考了 Tsui 等（1992）和 Agho 等（1992）所编制的员工总体满意度量表。由于原量表为英文版，笔者专门请两名外语较好的组织行为学博士，对该量表的英文版本做了英汉、汉英互译，使其条目表达准确且符合中国情景。根据企业中层管理者工作行为的研究情景，新编工作满意感量表采用李克特五点量表：1=非常不同意；2=不同意；3=不清楚；4=比较同意；5=非常同意。量表得分在 5~30 分，得分越高代表个体对组织的满意度越高，如表 6-2 所示。

表 6-2 工作满意感初始量表

编号	测量题项	来源
JS01	我对单位内的提升机会非常满意[a]	a. Tsui 等（1992） b. Agho 等（1992）
JS02	我对单位里的同事非常满意[a]	
JS03	我对我的直接上级非常满意[a]	
JS04	我对我从事的工作本身非常满意[a]	
JS05	我对我从单位得到的报酬非常满意[a]	
JS06	我对现在的工作感到非常满意[ab]	
采用李克特五点量表：1 = 非常不同意；2 = 不同意；3 = 不清楚；4 = 比较同意；5 = 非常同意		

2. 离职倾向的测量

离职倾向是员工因某些原因而打算离开组织的意图。相关学者的研究成果显示，离职倾向对于离职行为具有一定的预测作用（Bannister 和 Griffeth，1986；[167] Hom、Griffeth 和 Sellaro，1984；[168] Williams 和 Hazer，1986[169]）。本书关于离职倾向的测量，主要借鉴 Landau 和 Hammer（1986）在研究中使用的离职倾向量表，该量表包含 3 个测量项目，在其研究中测量的信度系数 α 为 0.77（大学）和 0.73（国家机关）。[165] 另外，还参考了 Wayne 等(1997)[170] 开发的离职倾向量表。笔者专门请英语较好的组织行为学博士，对该量表的英文版本做了英汉、汉英互译，使其条目表达准确且符合中国情景。根据企业中层管理者组织认同的研究情景，新编离职倾向量表采用李克特五点量表：1=非常不同意；2=不同意；3=不清楚；4=比较同意；5=非常同意。得分越高，说明受测个体离职倾向越高，如表 6-3 所示。

表 6-3　离职倾向测量量表

编号	测量题项	来源
TI01	一旦找到更好的工作，我将离开这个公司 ab	a. Landau 和 Hammer（1986） b. Wayne（1997）
TI02	我正认真地思考是否辞去现在的工作 ab	
TI03	我会寻找其他工作机会 ab	
TI04	我想从现在开始仍然在这个单位工作五年 b	
采用李克特五点量表：1 = 非常不同意；2 = 不同意；3 = 不清楚；4 = 比较同意；5 = 非常同意		

3. 反生产行为的测量

员工违反组织合法规定，有意违背所在组织或组织成员利益的行为都可以称为反生产行为。Gruys 和 Sackett（2003）提出了三条判断反生产行为的标准: ①无论行为是否造成恶劣后果，只要个体是有意为之的；②可以预见行为会造成伤害，但未必一定导致恶劣后果；③行为带给组织的潜在伤害要大于潜在利益。[171] 对反生产行为的测量，学者们分为一维（Hollinger 和 Clark，1983[172]）、两维（Robinson 和 Bennett，1995；[173] Sackett，2002[174]）、三维（Stewart，2009[175]）以及五维（Spector，2006[176]）。笔者借鉴 Kelloway（2002）[166] 的研究量表，由于原量表为英文版，笔者专门请两名外语较好的组织行为学博士，对该量表的英文版本做了英汉、汉英互译，使其条目表达准确且符合中国情境。根据企业中层管理者工做行为的研究情景，新编反生产行为量表采用李克特五点量表：1=从不；2=很少；3=有时；4=经常；5=很频繁，如表 6-4 所示。

表 6-4　反生产行为测量量表

编号	测量题项	来源
CB01	（故意）夸大自己的工作时间	Kelloway 等（2002）
CB02	带头宣扬一些关于公司的负面消息	
CB03	私下说你同事的闲话	
CB04	掩盖自己的错误	
CB05	和同事之间以一种无利于生产的方式竞争	
CB06	私下谈论你的直接主管	
CB07	保持在主管视线以外，以避免承担工作	
CB08	私拿公司的设备（办公用品）或产品	
CB09	自己在工作中出现过错，却责怪同事	
CB10	故意降低工作效率	
采用李克特五点量表：1 = 从不；2 = 很少；3 = 有时；4 = 经常；5 = 很频繁		

二、预试净化测量项目和单维度检验

该部分预试问卷数据同第五章的预试问卷数据是一起获得的，并同样获得了 256 份有效问卷。问卷的发放过程、删选标准详见第五章对应章节描述。小样本问卷的样本状况如表 5-6 所示。对预试调查问卷数据的极小值、极大值、均值、标准差、方差、偏度与峰度等进行描述统计，结果可以发现，各测量项目变量基本服从正态性分布。

1. 离职倾向测量的 CITC、信度和单维度分析

由表 6-5 可知，离职倾向第 4 个题项 TI04 的 CITC 是 0.448，小于 0.5，删除这个测量条目后，离职倾向量表的整体 Cronbach's α 系数为 0.871，比初始整体 Cronbach's α 系数 0.806 有较大的提高，符合我们设定的删除标准，因此予以删除。由表 6-6 可知，离职倾向量表删除 TI04 题项前后，KMO 值都大于 0.70 的通常标准，Bartlett 检验卡方值显著性概率 Sig.都为 0.000，可以进行因子分析。而删除 TI04 题项后，累计方差百分比由 63.772 提高到 81.519，因子载荷均有所提高且均大于 0.7 的要求。离职倾向量表经小样本检验后，确定为 3 个测量题项，不存在子维度。

表 6-5 离职倾向测量的 CITC、信度分析（N = 256）

测量条款	CITC		删除该项目后的 α 系数		Cronbach's α	
	初始	最终	初始	最终	初始	最终
TI01	0.850	0.883	0.713	0.865	0.806	0.871
TI02	0.849	0.888	0.719	0.873		
TI03	0.894	0.936	0.670	0.770		
TI04	0.448	—	0.871	—		

表 6-6 离职倾向测量的单维度分析（N = 256）

测量条款	初始因子载荷	最后因子载荷
TI01	0.713	0.886
TI02	0.719	0.881
TI03	0.670	0.940
TI04	0.871	—
累计方差百分比	63.772	81.519
KMO	0.732	0.702
Bartlett 检验卡方值	436.283	455.226
显著性概率 Sig.	0.000	0.000

2. 工作满意感测量的 CITC、信度和单维度分析

由表 6-7 和表 6-8 可知，工作满意感测量量表所有条目的 CITC 均大于 0.5，而且删除任何条目后都不能使 Cronbach's α 系数得到提高，每个条目的因子载荷都大于 0.7，因此，不需删除任何题项。工作满意感量表的整体 Cronbach's α 为 0.869，具有较好的信度。工作满意感量表经小样本检验后，确定为 6 个测量题项，不存在子维度。

3. 反生产行为测量的 CITC、信度和单维度分析

由表 6-9 可知，反生产行为量表 CB06 题项的 CITC 指数为 0.496，小于 0.5 的标准值，且删除这一题项后，反生产行为量表的 Cronbach's α 系数得到提高，因此，删除这一题项。由表 6-10 可知，反生产行为

表 6-7　工作满意感测量的 CITC、信度分析（N = 256）

测量条款	CITC		删除该项目后的 α 系数		Cronbach's α	
	初始	最终	初始	最终	初始	最终
JS01	0.833	0.833	0.835	0.835	0.869	0.869
JS02	0.704	0.704	0.860	0.860		
JS03	0.704	0.704	0.861	0.861		
JS04	0.780	0.780	0.845	0.845		
JS05	0.781	0.781	0.847	0.847		
JS06	0.854	0.854	0.828	0.828		

表 6-8　工作满意感测量的单维度分析（N = 256）

测量条款	初始因子载荷	最后因子载荷
JS01	0.827	0.827
JS02	0.709	0.709
JS03	0.702	0.702
JS04	0.788	0.788
JS05	0.773	0.773
JS06	0.857	0.857
累计方差百分比	60.544	60.544
KMO	0.844	0.844
Bartlett 检验卡方值	712.454	712.454
显著性概率 Sig.	0.000	0.000

量表删除CB06 题项前后，KMO 值都大于 0.7 的通常标准，Bartlett 检验卡方值显著性概率 Sig.都为 0.000，可以进行因子分析。但是，CB06 题项的因子载荷为 0.486，而删除 CB06 题项后，累计方差百分比由 69.401 提高到 72.319，且因子载荷均大于 0.7 的要求。经过小样本净化题项后，反生产行为量表由 10 个条目减少为 9 个，不存在子维度。

表 6-9　反生产行为测量的 CITC、信度分析（N = 256）

测量条款	CITC		删除该项目后的 α 系数		Cronbach's α	
	初始	最终	初始	最终	初始	最终
CB01	0.762	0.780	0.948	0.951	0.950	00.952
CB02	0.845	0.852	0.944	0.946		
CB03	0.871	0.870	0.942	0.944		
CB04	0.852	0.856	0.943	0.945		
CB05	0.834	0.838	0.944	0.947		
CB06	0.496	—	0.958	—		
CB07	0.869	0.861	0.943	0.945		
CB08	0.855	0.848	0.943	0.946		
CB09	0.873	0.879	0.942	0.944		
CB10	0.855	0.865	0.943	0.945		

表 6-10　反生产行为测量的单维度分析（N = 256）

测量条款	初始因子载荷	最后因子载荷
CB01	0.755	0.771
CB02	0.845	0.850
CB03	0.873	0.872
CB04	0.852	0.856
CB05	0.835	0.837
CB06	0.486	—
CB07	0.874	0.866
CB08	0.858	0.852
CB09	0.877	0.881
CB10	0.855	0.863
累计方差百分比	69.401	72.319
KMO	0.931	0.925
Bartlett 检验卡方值	2277.036	2120.256
显著性概率 Sig.	0.000	0.000

第三节　测量条款的探索性因子分析

与第五章一样，为了探索企业中层管理者工作态度相关变量的各个条款是否存在信息重叠的现象，我们运用预试的 256 份企业中层管理者调查样本数据进行探索性因子分析。

表 6-11　工作满意感的 KMO 和 Bartlett 球体检验（N = 256）

Kaiser-Meyer-Olkin Adequacy Measure of Sampling		0.844
Bartlett's Test of Sphercity	Aprox. Chi-Squre	712.454
	df	15
	Sig.	0.000

表 6-12　工作满意感的总方差解释（N = 256）

Compontent	Initial Eigenvalues			Extraction Sums of Squared Loadings		
	Total	% of Variance	Cumulative %	Total	% of Variance	Cumulative %
1	3.633	60.544	60.544	3.633	60.544	60.544
2	0.766	12.774	73.318			
3	0.584	9.735	83.053			
4	0.429	7.142	90.196			
5	0.332	5.535	95.731			
6	0.256	4.269	100.000			

Extraction Method：Principal Component Analysis. a. 1 Components Extracted.

由表 6-11 可知，工作满意感样本的 KMO 值为 0.844，适合进行因子分析；Bartlett's Test of Sphercity 的卡方统计值的显著性水平为0.000，适合进行因子分析。如表 6-12 所示，探索性因子分析提取特征根大于 1 的因子，只得到 1 个因子，总体方差解释为 60.544%。如表 6-13 所示，探索性因子分析结果显示，工作满意感各条款无交叉负荷，各条款标准因子载荷在 0.702~0.857，全部予以保留。

表 6-13　工作满意感探索性因子分析的标准载荷（N = 256）

Factor	Items	Factor Loading
		1
工作满意感	JS01	0.827
	JS02	0.709
	JS03	0.702
	JS04	0.788
	JS05	0.773
	JS06	0.857

表 6-14 反生产行为 KMO 和 Bartlett 球体检验（N=256）

Kaiser-Meyer-Olkin Adequacy Measure of Sampling		0.925
Bartlett's Test of Sphercity	Aprox. Chi-Squre	712.454
	df	15
	Sig.	0.000

表 6-15 反生产行为的总方差解释（N=256）

Compontent	Initial Eigenvalues			Extraction Sums of Squared Loadings		
	Total	% of Variance	Cumulative %	Total	% of Variance	Cumulative %
1	6.509	72.319	72.319	6.509	72.319	72.319
2	0.638	7.089	79.408			
3	0.422	4.692	84.100			
4	0.397	4.406	88.506			
5	0.311	3.456	91.962			
6	0.232	2.575	94.537			
7	0.192	2.131	96.668			
8	0.157	1.743	98.411			
9	0.143	1.589	100.000			

Extraction Method：Principal Component Analysis. a. 1 Components Extracted.

由表 6-14 可知，反生产行为样本的 KMO 值为 0.925，适合进行因子分析；Bartlett's Test of Sphercity 的卡方统计值的显著性水平为0.000，适合进行因子分析。如表 6-15 所示，探索性因子分析提取特征根大于 1 的因子，只得到 1 个因子，总体方差解释为 72.319%。如表 6-16 所示，探索性因子分析结果显示，反生产行为各条款无交叉负荷，各条款标准因子载荷在 0.771~0.881，全部予以保留。

表 6-16 反生产行为探索性因子分析的标准载荷（N=256）

Factor	Items	Factor Loading
		1
反生产行为	CB01	0.771
	CB02	0.850
	CB03	0.872
	CB04	0.856
	CB05	0.837
	CB07	0.866
	CB08	0.852
	CB09	0.881
	CB10	0.863

表 6-17　离职倾向的 KMO 和 Bartlett 球体检验（N = 256）

Kaiser-Meyer-Olkin Adequacy Measure of Sampling		0.702
Bartlett's Test of Sphercity	Aprox. Chi-Squre	712.454
	df	15
	Sig.	0.000

表 6-18　离职倾向的总方差解释（N = 256）

Compontent	Initial Eigenvalues			Extraction Sums of Squared Loadings		
	Total	% of Variance	Cumulative %	Total	% of Variance	Cumulative %
1	2.388	79.614	79.614	2.388	79.614	79.614
2	0.404	13.479	93.093			
3	0.207	6.907	100.000			

Extraction Method：Principal Component Analysis. a. 1 Components Extracted.

由表 6-17 可知，离职倾向样本的 KMO 值为 0.702，适合进行因子分析；Bartlett's Test of Sphercity 的卡方统计值的显著性水平为0.000，适合进行因子分析。如表 6-18 所示，探索性因子分析提取特征根大于 1 的因子，只得到 1 个因子，总体方差解释为 79.614%。如表 6-19 所示，探索性因子分析结果显示，离职倾向各条款无交叉负荷，各条款标准因子载荷在 0.858~0.930，全部予以保留。

表 6-19　离职倾向探索性因子分析的标准载荷（N = 256）

Factor	Items	Factor Loading
		1
离职倾向	TI01	0.887
	TI02	0.858
	TI03	0.930

第四节　测量条款的验证性因子分析

为了进一步验证相关量表探索性因子分析的结论，我们将修正后包含 6 个条款的工作满意感量表、包含 3 个条款的离职倾向量表、包含 9 个条款的反生产行为量表（删除 CB06 条款）和包含 12 个条款的企业中层管理者组织认同量表作为正式问卷，进行大样本调查。

一、大样本数据收集及描述性统计

借鉴之前问卷发放的经验，为了消除不同地区经济文化差异的影响，我们有针对性地选取不同地区的热心毕业生作为本地区问卷调查的负责人，让其根据自己的社会资源，在本地区采用滚雪球的方式进一步增加调查样本。本次调查共收回问卷 468 份，剔除不合格问卷 56 份，获得有效问卷 412 份，回收有效率为 88.03%。大样本调查数据的描述性统计如表 6-20 所示。

表 6-20 大样本问卷描述性统计（N = 412）

<table>
<tr><th>基本资料</th><th>分类项目</th><th>人数（个）</th><th>百分比（%）</th></tr>
<tr><td rowspan="2">性别</td><td>男</td><td>189</td><td>45.9</td></tr>
<tr><td>女</td><td>223</td><td>54.1</td></tr>
<tr><td rowspan="5">年龄</td><td>25 岁及以下</td><td>69</td><td>16.7</td></tr>
<tr><td>25~30 岁</td><td>199</td><td>48.3</td></tr>
<tr><td>30~35 岁</td><td>94</td><td>22.8</td></tr>
<tr><td>35~40 岁</td><td>41</td><td>10.1</td></tr>
<tr><td>40 岁及以上</td><td>9</td><td>2.1</td></tr>
<tr><td rowspan="5">受教育程度</td><td>高中及以下</td><td>19</td><td>4.6</td></tr>
<tr><td>专科</td><td>60</td><td>14.6</td></tr>
<tr><td>本科</td><td>273</td><td>66.3</td></tr>
<tr><td>硕士</td><td>58</td><td>14.1</td></tr>
<tr><td>博士</td><td>2</td><td>0.4</td></tr>
<tr><td rowspan="2">婚姻状况</td><td>未婚</td><td>180</td><td>43.7</td></tr>
<tr><td>已婚</td><td>132</td><td>56.3</td></tr>
<tr><td rowspan="6">工作年限</td><td>1 年以内</td><td>34</td><td>8.3</td></tr>
<tr><td>1~3 年</td><td>71</td><td>17.2</td></tr>
<tr><td>3~5 年</td><td>43</td><td>10.4</td></tr>
<tr><td>5~7 年</td><td>126</td><td>30.6</td></tr>
<tr><td>7~9 年</td><td>49</td><td>11.9</td></tr>
<tr><td>10 年及以上</td><td>89</td><td>21.6</td></tr>
</table>

续表

基本资料	分类项目	人数（个）	百分比（%）
本岗位工作年限	1年以内	76	18.4
	1~3年	161	39.1
	3~5年	64	15.5
	5~7年	64	15.5
	7~9年	12	2.9
	10年及以上	35	8.6
企业性质	国有独资	52	12.6
	国有控股	50	12.2
	民营	195	47.3
	合资	55	13.3
	外资	60	14.6
企业发展阶段	初创期	112	27.2
	成长期	160	38.8
	成熟期	94	22.8
	衰退期	22	5.4
	转型期	24	5.8
同级人员规模	5人及以下	40	9.7
	5~10人	142	34.5
	10~15人	28	6.8
	15~20人	29	7.0
	20人以上	173	42.0

二、工作态度变量的验证性因子分析

在进行因子分析之前，需要先检验数据，我们用 Bartlett 球形检验以及 KMO 抽样适度测定值来检验各测量条款之间的相关性。一般认为，KMO 值大于 0.7 可以认为适合进行因子分析。如表 6–21 所示，各工作态度变量的 KMO 值都大于0.7，Bartlett 球形检验值均显著，样本适合进行因子分析。我们用 AMOS7.0 对企业中层管理者组织认同的各影响变量进行验证性因子分析，结果如图 6–2、图 6–3、图 6–4 所示。

表 6–21　工作态度变量的 KMO 和 Bartlett 球形检验（N = 412）

变量名称	KMO	Bartlett 球形检验	Sig.
工作满意感	0.868	1386.026	0.000
离职倾向	0.761	7913.557	0.000
反生产行为	0.912	2159.742	0.000

1. 工作满意感量表的验证性因子分析

工作满意感的验证性因子分析结果表明，χ^2/df 为 2.335，符合小于 5 的一般标准；RMSEA 为 0.095，符合小于 0.1 的一般标准；GFI、NFI、CFI 都符合大于 0.9 的良好标准，工作满意感的理论模型与数据匹配性良好（见表 6–22），所有标准化因子载荷系数大于 0.6，表明该模型的载荷都是统计显著的。工作满意感的理论构思模型可以被接受。

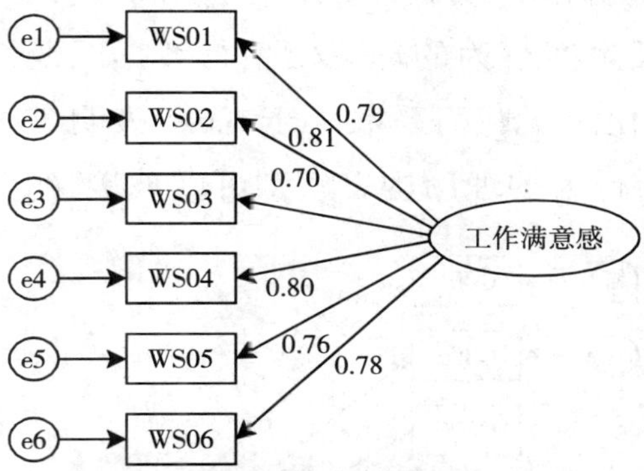

图 6–2　工作满意感的验证性因子分析（N = 412）

表 6–22　工作满意感验证性因子分析拟合指标（N = 412）

拟合指标	χ^2	df	χ^2/df	GFI	RMSEA	NFI	CFI
指标值	21.015	9	2.335	0.936	0.095	0.935	0.940

2. 离职倾向量表的验证性因子分析

离职倾向的验证性因子分析结果表明，离职倾向模型是一个饱和模型（Saturated Model）。当模型饱和时，χ^2 为 0.000，df 为 0，RMSEA 为 0，GFI、NFI、CFI 都为 1.000，是对数据的完美拟合（见表 6–23），所有标准化因子载荷系数大于 0.6，表明该模型的载荷都是统计显著的。离职倾向的理论构思模型可以被接受。

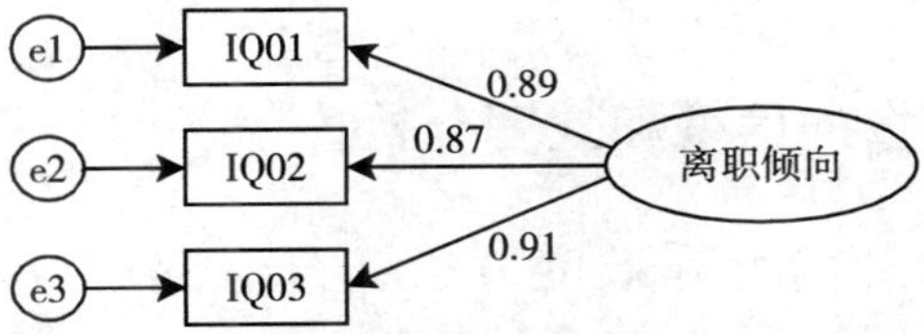

图 6–3　离职倾向的验证性因子分析（N = 412）

表 6-23 离职倾向验证性因子分析拟合指标（N = 412）

拟合指标	χ^2	df	χ^2/df	GFI	RMSEA	NFI	CFI
指标值	0.000	0	0.000	1.000	0.000	1.000	1.000

3. 反生产行为量表的验证性因子分析

反生产行为的验证性因子分析结果表明，χ^2/df 为 4.025，符合小于 5 的一般标准；RMSEA 为 0.094，符合小于 0.1 的一般标准；NFI、CFI 都符合大于 0.85 的标准，GFI 虽然没有达到 0.85 的标准，但是非常接近。我们认为，反生产行为的理论模型与数据匹配性符合要求（见表 6-24），所有标准化因子载荷系数大于 0.6，表明该模型的载荷都是统计显著的。反生产行为的理论构思模型可以被接受。

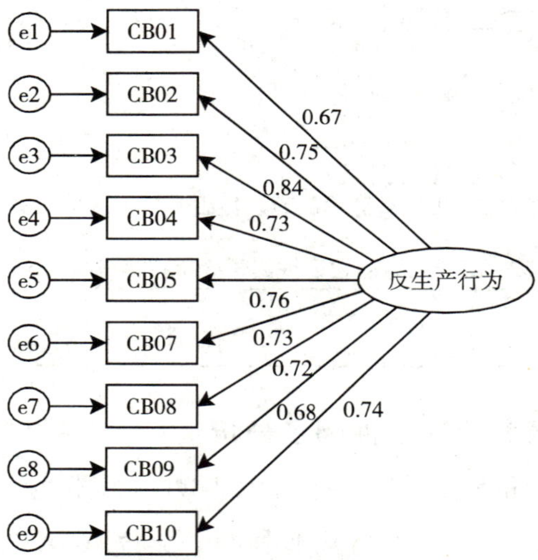

图 6-4 反生产行为的验证性因子分析（N = 412）

表 6-24 反生产行为验证性因子分析拟合指标（N = 412）

拟合指标	χ^2	df	χ^2/df	GFI	RMSEA	NFI	CFI
指标值	108.675	27	4.025	0.848	0.094	0.876	0.886

三、大样本测量的信度和效度分析

对大样本测量的信度和效度分析，方法同第五章一样，在此不再赘述。本部分只提供大样本测量的构建信度和构建效度分析结果。

1. 构建信度分析

由表 6-25 可知，企业中层管理者工作态度各量表的构建信度都大于 0.5 的标准，说明大样本调查问卷的构建信度满足要求。

表 6-25　企业中层管理者工作态度各变量的构建信度与聚合效度

影响因素	CR	AVE
工作满意感	0.900	0.599
离职倾向	0.920	0.792
反生产行为	0.914	0.543

2. 构建效度分析

对大样本测量的构建效度进行分析，我们同样从聚合效度（Convergent Validity）和区别效度（Discriminant Validity）两个方面来考察。如表 6-25 所示，企业中层管理者组织认同工作态度各变量的AVE 都大于 0.5，问卷的聚合效度要求得到满足。如表 6-26 所示，工作满意感、离职倾向和反生产行为之间的直接相关系数小于其 AVE 的均方根，表明问卷具有较好的区别效度。

表 6-26　企业中层管理者工作态度各变量的 AVE 均方根与相关系数

	工作满意感	离职倾向	反生产行为
工作满意感	0.774		
离职倾向	-0.599	0.890	
反生产行为	-0.411	0.546	0.737

第五节　共同方法变异检验

为尽量减少 CMV 对研究结果造成的影响，本部分研究主要采取了以下措施：第一，数据来源于不同地区的不同类型、不同学历层次等个体，保证了问卷收集在时间、地域上的分离和样本的代表性；第二，问卷采用匿名方式填写，并明确告知被调查者研究的学术性和保密性，消除被调查者的心理顾虑，保证作答的真实性；第三，问卷设计中尽量将量表题项分离。

为检验问卷测量中是否存在 CMV，本书采用 Harman 单因素检验来判断。将本书中涉及的工作满意感、离职倾向、反生产行为和组织认同变量进行探索性因子分析，结果显示，没有旋转的第一个因子的解释力仅为 17.746%，并没有占到多数。根据 Harman 单因素检验原则，可以认为本书中 CMV 对研究结果产生的影响不显著。

第六节　假设检验结果

一、基于相关分析的假设检验

由表 6-27 可知，企业中层管理者组织认同的情感归属维度与离职倾向显著负相关（r = -0.269，P<0.01）；企业中层管理者组织认同的价值融合维度与离职倾向显著负相关（r = -0.342，P<0.01）；企业中层管理者组织认同的人际关系维度与离职倾向显著负相关（r = -0.210，P<0.01）；企业中层管理者组织认同的事业发展维度与离职倾向显著负相关（r = -0.335，P<0.01）。因此，研究假设 6-1a、6-1b、6-1c、6-1d 得到了检验。

企业中层管理者组织认同的情感归属维度与反生产行为显著负相关（r = -0.326，P<0.01）；企业中层管理者组织认同的价值融合维度与反生产行为显著负相关（r = -0.289，P<0.01）；企业中层管理者组织认同的人际关系维度与反生产行为显著负相关（r = -0.121，P<0.05）；企业中层管理者组织认同的事业发展维度与反生产行为显著负相关（r = -0.318，P<0.01）。因此，研究假设 6-2a、6-2b、6-2c、6-2d 得到了检验。

企业中层管理者组织认同的情感归属维度与工作满意感显著正相

关（r = 0.351，P<0.01）；企业中层管理者组织认同的价值融合维度与工作满意感显著正相关（r = 0.476，P<0.01）；企业中层管理者组织认同的人际关系维度与工作满意感显著正相关（r = 0.328，P<0.05）；企业中层管理者组织认同的事业发展维度与工作满意感显著正相关（r = 0.419，P<0.01）。因此，研究假设 6-3a、6-3b、6-3c、6-3d 得到了检验。

企业中层管理者工作满意感与离职倾向显著负相关（r = -0.599，P<0.01），研究假设 6-4 得到了检验。

企业中层管理者工作满意感与反生产行为显著负相关（r = -0.411，P<0.01），研究假设 6-5 得到了检验。

表 6-27 相关变量描述性统计及相关关系一览（N = 412）

	均值	标准差	QG	RJ	SY	JZ	CB	JS	TI
QG	3.164	1.004	—						
RJ	3.800	0.758	0.387**	—					
SY	3.461	0.981	0.506**	0.523**	—				
JZ	3.532	1.065	0.465**	0.597**	0.671**	—			
CB	2.430	0.910	-0.326**	-0.121*	-0.318**	-0.289**	—		
JS	3.465	0.87	0.351**	0.328**	0.419**	0.476**	-0.411**	—	
TI	2.926	1.081	-0.269**	-0.210**	-0.335**	-0.342**	0.546**	-0.599**	—

注：① ** 表示在 0.01 水平（双侧）上显著相关；* 表示在 0.05 水平（双侧）上显著相关。
② QG—情感归属；RJ—人际关系；SY—事业发展；JZ—价值融合；CB—反生产行为；JS—工作满意感；TI—离职倾向。

二、基于回归分析的中介检验

相关分析只能说明变量间是否显著相关，但是由于变量之间还存在相互影响，相关分析无法证明变量间影响的中介作用，为此，本书在相关分析的基础上，进一步采取回归技术对研究假设进行检验。

如果假设模型中设计的变量都已经做过中心化处理，以最简单的仅有 X、M、Y 三个变量为例，则中介效应可以用回归方程表示如下：

$$Y = cx + e_1 \tag{6-1}$$

$$M = ax + e_2 \tag{6-2}$$

$$Y = c'x + bM + e_3 \tag{6-3}$$

上述三个回归方程模型图示及对应方程如下：

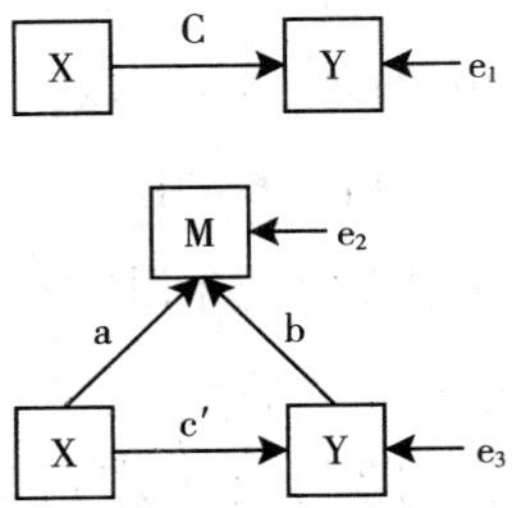

图 6-5 中介效应示意图

温忠麟等（2004）[177] 提出了一个简便易行、计算量少的检验中介效应的新方法，具体程序如图 6-6 所示。下面我们就借鉴该程序进行本书假设模型中的中介效应检验。

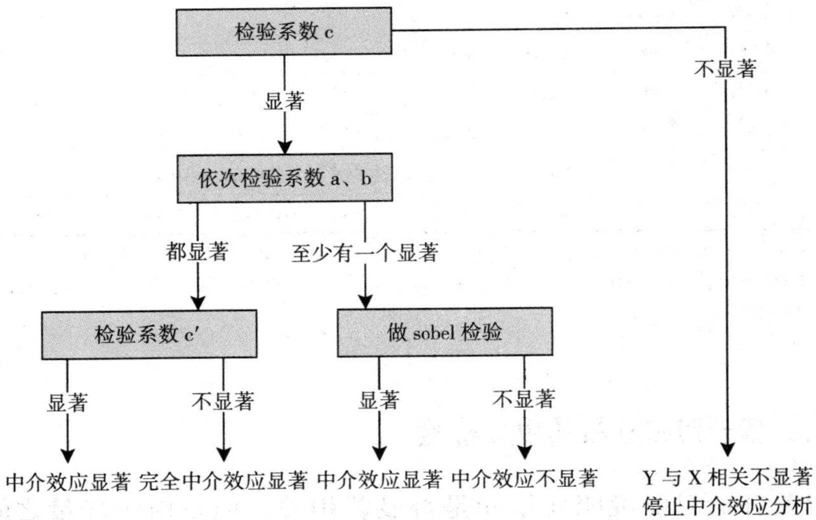

图 6-6 中介效应检验程序

1.“组织认同—工作满意感—离职倾向”中介效应检验

首先，我们将组织认同、工作满意感、离职倾向变量数据进行中心化处理。假设我们用 O 表示组织认同、W 表示工作满意、I 表示离职倾向，则“组织认同—工作满意感—离职倾向”中介效应可以用以下三个方程来表示：

$$I = c_1 O + e_1 \tag{6-4}$$

$$W = aO + e_2 \tag{6-5}$$

$$I = c_1' O + b_1 W + e_3 \tag{6-6}$$

第一步，先检验系数 c_1 的显著性。

由表 6-28 和表 6-29 可知，$I = c_1 O + e_1$ 中 c_1 值等于-0.358，显著性为 $P<0.000$，所以系数 c_1 显著。

表 6-28 离职倾向与组织认同方差分析（N = 412）

Model		平方和	df	均方	F	Sig.
1	回归	38.797	1	38.797	52.731	0.000[a]
	残差	301.659	410	0.736		
	总计	340.456	411			

表 6-29 离职倾向与组织认同系数回归结果（N = 412）

Model		Unstandardized Coefficients		Standardized Coefficients	t	Sig.
		B	Std.Error	Beta		
1	(Constant)	-29243.094	0.052		-563921.980	0.000
	组织认同	-0.525	0.068	-0.358	-7.764	0.000

第二步，检验系数 a 的显著性。

由表 6-30 和表 6-31 可知，$W = aO + e_2$ 中 a 值等于 0.495，显著性为 $P<0.000$，所以系数 a 显著。

表 6-30 工作满意感与组织认同方差分析（N = 412）

Model		平方和	df	均方	F	Sig.
1	回归	76.661	1	76.661	132.949	0.000[a]
	残差	236.412	410	0.577		
	总计	313.073	411			

表 6-31 工作满意感与组织认同系数回归结果（N = 412）

Model		Unstandardized Coefficients		Standardized Coefficients	t	Sig.
		B	Std.Error	Beta		
1	(Constant)	5.643E-6	0.037		0.000	1.000
	组织认同	0.562	0.049	0.495	11.530	0.000

第三步，检验系数 c_1' 和 b_1 的显著性。

由表 6-32 和表 6-33 可知，方程 $I = c_1'O + b_1W + e_3$ 中，系数 b_1 值等于-0.548，显著性为 P<0.000，系数 b_1 显著；但 c_1' 值等于-0.087，显著性为 P=0.056>0.05，不显著。因此，工作满意感的完全中介效应显著，假设 H6-6 通过检验。

表 6-32　离职倾向、工作满意感和组织认同方差分析（N = 412）

Model		平方和	df	均方	F	Sig.
1	回归	184.798	2	92.399	112.393	0.000[a]
	残差	336.240	409	0.822		
	总计	521.038	411			

表 6-33　离职倾向、工作满意感和组织认同系数回归结果（N = 412）

Model		Unstandardized Coefficients		Standardized Coefficients	t	Sig.
		B	Std. Error	Beta		
1	(Constant)	-29243.094	0.045		-654649.412	0.000
	组织认同	-0.128	0.067	-0.087	-1.904	0.058
	工作满意感	-0.707	0.059	-0.548	-11.981	0.000

2. "组织认同—工作满意感—反生产行为"中介效应检验

与"组织认同—工作满意感—离职倾向"中介效应检验程序一样，首先我们将反生产行为数据进行中心化处理。假设用 C 表示反生产行为，则"组织认同—工作满意感—反生产行为"中介效应可以用以下三个方程来表示：

$$C = c_2O + e_4 \tag{6-7}$$

$$W = aO + e_2 \tag{6-8}$$

$$C = c_2'O + b_2W + e_5 \tag{6-9}$$

第一步，先检验系数 c_2 的显著性。

由表 6-34 和表 6-35 可知，$C = c_2O + e_4$ 中 c_2 值等于-0.338，显著性为 P<0.000，所以系数 c_2 显著。

表 6-34 反生产行为与组织认同方差分析（N = 412）

Model		平方和	df	均方	F	Sig.
1	回归	38.797	1	38.797	52.731	0.000[a]
	残差	301.659	410	0.736		
	总计	340.456	411			

表 6-35 反生产行为与组织认同系数回归结果（N = 412）

Model		Unstandardized Coefficients		Standardized Coefficients	t	Sig.
		B	Std. Error	Beta		
1	(Constant)	−1.853E−5	0.042		0.000	1.000
	组织认同	−0.400	0.055	−0.338	−7.262	0.000

在“组织认同—工作满意感—离职倾向”中介检验过程中，已经通过了组织认同与工作满意感回归系数的显著性检验。所以，接下来我们直接进行第三步，检验系数 c_2' 和 b_2 的显著性。

第三步，检验系数 c_2' 和 b_2 的显著性。

表 6-36 反生产行为、工作满意感和组织认同方差分析（N = 412）

Model		平方和	df	均方	F	Sig.
1	回归	65.649	2	32.824	48.853	0.000[a]
	残差	274.807	409	0.672		
	总计	340.456	411			

由表 6-36 和表 6-37 可知，方程 $C = c_2'O + b_2W + e_5$ 中，系数 b_2 值等于−0.323，显著性为 $P=0.001<0.05$，系数 b_2 显著；c_2' 值等于−0.178，显著性为 $P<0.000$，系数 c_2' 显著。因此，工作满意感在组织认同和反生产行为之间部分中介作用显著，中介效应占总效应的比值为：0.495×−0.178/−0.358= 0.246。因此，假设 H6-7 通过检验。

表 6-37 反生产行为、工作满意感和组织认同系数回归结果（N = 412）

Model		Unstandardized Coefficients		Standardized Coefficients	t	Sig.
		B	Std.Error	Beta		
1	(Constant)	−1.663E−5	0.040		0.000	1.000
	组织认同	−0.210	0.061	−0.178	−3.475	0.001
	工作满意感	−0.337	0.053	−0.323	−6.322	0.000

本章小结

本章研究的目的是考察组织认同对企业中层管理者的工作态度变量的作用机理。首先，在进行企业深度访谈和文献研究的基础上，构建了本章研究的概念模型和研究假设，并通过小样本调查，对各工作态度量表进行了 CITC、信度和单维度分析；其次，在大样本调查的基础上，对各工作态度量表进行了验证性因子分析，并对大样本调查数据的信度和效度进行了检验；最后，检验样本的共同方法变异，并运用相关分析和回归分析方法对研究假设进行了检验。本章提出的 16 个研究假设全部得到验证，具体验证结果如表 6-38 所示。

表 6-38　企业中层管理者组织认同对工作态度变量的检验结果

序号	假设	检验结果
H6-1a	情感归属与企业中层管理者的离职倾向显著负相关	支持
H6-1b	价值融合与企业中层管理者的离职倾向显著负相关	支持
H6-1c	人际关系与企业中层管理者的离职倾向显著负相关	支持
H6-1d	事业发展与企业中层管理者的离职倾向显著负相关	支持
H6-2a	情感归属与企业中层管理者的反生产行为显著负相关	支持
H6-2b	价值融合与企业中层管理者的反生产行为显著负相关	支持
H6-2c	人际关系与企业中层管理者的反生产行为显著负相关	支持
H6-2d	事业发展与企业中层管理者的反生产行为显著负相关	支持
H6-3a	情感归属与企业中层管理者的工作满意感显著正相关	支持
H6-3b	价值融合与企业中层管理者的工作满意感显著正相关	支持
H6-3c	人际关系与企业中层管理者的工作满意感显著正相关	支持
H6-3d	事业发展与企业中层管理者的工作满意感显著正相关	支持
H6-4	工作满意感与企业中层管理者的离职倾向显著负相关	支持
H6-5	工作满意感与企业中层管理者的反生产行为显著负相关	支持
H6-6	工作满意感是组织认同对离职倾向起影响作用的中介变量	完全中介
H6-7	工作满意感是组织认同对反生产行为起影响作用的中介变量	部分中介

第七章 研究结论与展望

第一节 研究结论

本书从组织认同的角度，探索了企业中层管理者激励的“黑箱”，对中层管理者组织认同的维度、影响因素和对工作态度的作用机理进行了研究，得出了如下结论：

1. 企业中层管理者组织认同结构维度的研究结论

本书在回顾以往文献的基础上，应用扎根理论的方法对 40 名企业中层管理者进行了深度访谈，获得了 40 余万字的文字资料，通过专业软件对访谈资料进行分析、编码，得出了企业中层管理者组织认同的四个维度：价值融合、事业发展、人际关系和情感归属。进一步与西方学者的研究结论进行对比分析发现，企业中层管理者组织认同中情感归属维度的安全感在西方研究中较少涉及。本书得出的人际关系维度中既包含员工间的正式关系，也包含私人关系，而西方研究中只涉及正式关系。事业发展和价值融合在西方研究中没有涉及。通过与西方研究进行对比分析，笔者认为本书得出的四维度结构具有中国传统文化特色，更符合中国实际。与中国学者提出的三维度和九维度结构模型进行对比分析，发现四维度结构模型比三维度结构模型更符合中层管理者在企业的身份层级，也比九维度结构模型具有更高的抽象概括性。对比分析可知，研究得出的四维度模型具有一定的特殊性和代表性，很好地体现出中国文化因素和中层管理者职位层级对组织认同维度的影响，具有较好的推广价值。

2. 企业中层管理者组织认同结构维度验证及测量的研究结论

根据本书构建的企业中层管理者组织认同四维度结构模型，对访谈语句进行归类梳理，获得 48 个测量条目。邀请组织与人力资源管理方面的专家学者进行研讨，参考相关学者的组织认同量表，遵循精简的原则，对测量条目进行删减，最终得到 24 个测量项目。其中，8 项是本书开发的，16 项来自其他学者开发的组织认同量表条目。经过探索性因子分析、验证性因子分析，最终获得包含 12 个条目、四个维度的企业中层管理者组织认同测量量表。一方面，验证了通过扎根理论获得的企业中层管理者组织认同四维度模型是基本正确的；另一方面，以此为基础编制的包含 12 个条目的企业中层管理者组织认同测量量表，总量表的 Cronbach's α 值为 0.900，情感归属、人际关系、价值融合、事业发展的 Cronbach's α 值分别为 0.892、0.834、0.884、0.836，量表具有良好的信度和效度，可以作为进一步研究企业中层管理者组织认同的测量工具。

3. 人口学变量对企业中层管理者组织认同影响的研究结论

利用获得的 311 份调查问卷，分析人口学变量对企业中层管理者组织认同的影响，主要获得如下结论：

第一，不同性别的企业中层管理者在组织认同上具有明显差异，男性企业中层管理者比女性企业中层管理者组织认同度更高。就具体维度而言，组织认同的情感归属、人际关系、事业发展三个维度男女差异明显，价值融合维度男女差异不显著。

第二，不同年龄的企业中层管理者在组织认同整体、情感归属维度、人际关系维度、价值融合维度均存在显著差异，在事业发展维度上各年龄段企业中层管理者不存在显著差异性。进一步多轮比较发现，①就“组织认同”依变量而言，“40 岁以上”组群体显著高于其他各群体；②就“情感归属”依变量而言，“40 岁以上”组群体显著高于其他各群体，“35~40 岁”组群体显著低于其他各群体；③就“人际关系”依变量而言，“40岁以上”组群体显著高于“25岁以下”、“25~30岁”、“35~40岁”其他各群体，“30~35岁”组群体显著高于“35~40岁”群体；④就“事业发展”依变量而言，“40岁以上”组群体显著高于“25岁以下”和“30~35岁”组群体；⑤就“价值融合”依变量而言，“40岁以上”组群体显著高于其他各群体。

第三，不同受教育程度的企业中层管理者在组织认同整体、情感归属维度、人际关系维度、价值融合维度、事业发展维度方面均存在显著差异。进一步多重比较发现：①就“组织认同”依变量而言，“高中及以下”组群体显著高于“专科”、“本科”、“硕士”各组群体，“专科”组群体显著低于“本科”和“硕士”组群体；②就“情感归属”依变量而言，“专科”组群体显著低于除“硕士”外的其他各群体，“博士”组群体显著高于“硕士”和“本科”组群体；③就“人际关系”依变量而言，“专科”组群体显著低于除“博士”外的其他各群体；④就“事业发展”依变量而言，“专科”组群体显著低于除“博士”外的其他各群体，“高中及以下”组群体显著高于“本科”组群体；⑤就“价值融合”依变量而言，“高中及以下”组群体显著高于“专科”、“本科”、“硕士”各组群体，“本科”组群体显著高于“专科”和“硕士”组群体。

第四，不同婚姻状况的企业中层管理者组织认同没有显著差异。具体到组织认同的各维度，未婚比已婚的企业中层管理者具有更高价值融合维度的组织认同感，在其他情感归属、人际关系和事业发展维度上不存在显著差异。

4. 组织学变量对企业中层管理者组织认同影响的研究结论

利用获得的311份调查问卷，分析组织学变量对企业中层管理者组织认同的影响，主要获得如下结论：

第一，不同工作年限的企业中层管理者在组织认同整体上不存在显著差异。具体来说，不同工作年限的企业中层管理者在组织认同的价值融合维度上存在显著差异，在人际关系维度维度、情感归属维度、事业发展维度方面均不存在显著差异。进一步多重比较发现：①就“组织认同”依变量而言，“7~9 年”组群体显著低于“5~7 年”和“10 年以上”组群体；②就“情感归属”依变量而言，“3~5 年”组群体显著高于“7~9 年”组群体；③就“人际关系”依变量而言，“5~7 年”组群体显著低于“10 年以上”组群体；④就“事业发展”依变量而言，各组群体间没有显著差异；⑤就“价值融合”依变量而言，“5~7 年”组群体显著高于“1 年以下”、“1~3 年”、“5~7 年”和“10 年以上”各组群体，“3~5 年”和“7~9 年”组群体显著低于其他各组群体。

第二，不同本岗位工作年限的企业中层管理者在组织认同整体上存在显著差异。具体来说，不同本岗位工作年限的企业中层管理者在组织认同的人际关系维度和价值融合维度上存在显著差异，在情感归属维度和事业发展维度上不存在显著差异。进一步多重比较发现：①就“组织认同”依变量而言，“7~9 年”组群体显著低于其他组群体；②就“情感归属”依变量而言，“7~9 年”组群体显著低于其他组群体；③就“人际关系”依变量而言，“7~9 年”组群体显著低于其他组群体；④就“事业发展”依变量而言，各组群体间没有显著差异；⑤就“价值融合”依变量而言，“3~5 年”组群体显著低于“1~3 年”、“5~7 年”和“10 年以上”各组群体，“7~9 年”组群体显著低于“1~3 年”、“5~7 年”和“10 年以上”各组群体，“1 年以内”组群体显著低于“1~3 年”和“10 年以上”组群体。

第三，不同企业性质的企业中层管理者组织认同在组织认同整体上存在显著差异。具体来说，不同企业性质的企业中层管理者在组织认同的人际关系维度和情感归属维度上存在显著差异，在价值融合维度和事业发展维度上不存在显著差异。进一步多重比较发现：①就“组织认同”依变量而言，“国有独资”组群体显著高于“民营”和“外资”组群体；②就“情感归属”依变量而言，“国有独资”组群体显著高于“民营”、“合资”和“外资”组群体，“国有控股”组群体显著高于“外资”组群体；③就“人际关系”依变量而言，“国有独资”组群体显著高于“国有控股”和“民营”组群体，“外资”组群体显著高于“民营”组群体；④就“事业发展”依变量而言，“国有独资”组群体显著高于"民营"和"外资"组群体；⑤就"价值融合"依变量而言，"合资"组群体显著高于"外资"组群体。

第四，不同企业发展阶段的企业中层管理者组织认同在组织认同整体上存在显著差异。具体来说，不同企业发展阶段的企业中层管理者在组织认同的人际关系维度、情感归属维度、价值融合维度和事业发展维度上都存在显著差异。进一步多重比较发现：①就"组织认同"依变量而言，"衰退期"组群体显著低于其他各组群体，"初创期"组群体显著低于"转型期"组群体；②就"情感归属"依变量而言，"衰退期"组群体显著低于其他各组群体，"初创期"组群体显著低于"成长期"和"成熟期"组群体；③就"人际关系"依变量而言，"衰退期"组群体显著低于其他各组群体，"初创期"组群体显著低于"成长期"、"成熟期"和"转型期"组群体，"成长期"组群体显著低于"成熟期"组群体；④就"事业发展"依变量而言，"转型期"组群体显著低于其他各组群体；⑤就"价值融合"依变量而言，"衰退期"组群体显著低于其他各组群体，"成熟期"组群体显著低于"初创期"和"转型期"组群体，"成长期"组群体显著低于"转型期"组群体。

第五，不同同级人员规模的企业中层管理者在组织认同整体、情感归属维度、人际关系维度、价值融合维度和事业发展维度均存在显著差异。进一步多重比较发现：①就"组织认同"依变量而言，"5 人以下"组群体显著高于其他各群体；②就"情感归属"依变量而言，"5 人以下"组群体显著高于"5~10 人"、"15~20 人"和"20 人以上"组群体，"5~10 人"组群体显著高于"15~20 人"组群体；③就"人际关系"依变量而言，"5 人以下"组群体显著高于"5~10 人"、"10~15 人"组群体，"20 人以上"组群体显著高于"5~10 人"群体；④就"事业发展"依变量而言，"15~20 人"组群体显著低于其他各组群体；⑤就"价值融合"依变量而言，"10~15 人"组群体显著低于"5 人以下"、"5~10 人"和"15~20 人"各组群体，"5 人以下"组群体显著高于其他各组群体。

5. 组织声望、变革型领导、组织公平对企业中层管理者组织认同影响的研究结论

通过分析第二章研究中获得的访谈资料，从中选取提及最多的三个变量，分析它们对企业中层管理者组织认同的影响。通过构建结构方程模型，可分析得出如下结论：变革型领导对企业中层管理者组织认同的价值融合、情感归属和人际关系三个维度具有显著的正向影响；组织声望对企业中层管理者组织认同的价值融合、情感归属、人际关系和事业发展四个维度均具有显著的正向影响；组织公平对企业中层管理者组织认同的情感归属和事业发展两个维度均具有显著的正向影响。

6. 组织认同对企业中层管理者工作态度的作用机理的研究结论

利用获得的 412 份调查问卷，分析组织认同对企业中层管理者工作态度的作用机理，主要结论如下：

第一，企业中层管理者组织认同的情感归属、价值融合、人际关系和事业发展四个维度与企业中层管理者的离职倾向显著负相关；企业中层管理者组织认同的情感归属、价值融合、人际关系和事业发展四个维度与企业中层管理者的反生产行为显著负相关；企业中层管理者组织认同的情感归属、价值融合、人际关系和事业发展四个维度与企业中层管理者的工作满意感显著正相关。

第二，组织认同对企业中层管理者的工作满意感有显著的正向影响，其解释度为 49.5%；组织认同对企业中层管理者的离职倾向有显著的负向影响，其解释度为 35.8%；组织认同对企业中层管理者的反生产行为有显著的负向影响，其解释度为 33.8%。工作满意感在企业中层管理者组织认同和离职倾向之间起完全中介作用；工作满意感在组织认同和反生产行为之间部分中介作用显著，中介效应占总效应的比值为：24.6%（0.495×−0.178/−0.358= 0.246）。

第二节 实践意义

在经济全球化、“知识大爆炸”的时代背景下，企业竞争力的高低越来越表现为人才竞争。企业中层管理者作为企业的中坚力量，是企业核心竞争力的主要来源。但是，长期以来对中层管理者的激励一直是企业的软肋，导致中层管理者的低满意度、高工作压力、高离职率，而这些也成了制约企业健康发展的主要“瓶颈”，而本书表明，组织认同能够显著影响企业中层管理者的离职倾向和反生产行为。那么，如何才能提升企业中层管理者的组织认同感呢？根据本书的成果，我们给出企业提升中层管理者组织认同感的对策建议。

1. 注重组织声望提升

根据本书的结论，组织声望不仅是影响企业中层管理者组织认同的一个主要因素，而且对企业中层管理者组织认同的价值融合、情感归属、人际关系和事业发展四个维度均具有显著的正向影响。因此，可以通过提升组织声望进而提升中层管理者的组织认同感。组织声望是利益相关者对组织活动与自己的期望比较后的一种评价。Kim 等（2007）将组织声望区分为绩效声望和符号声望，[178] 前者是由组织的利益相关者对感知到的组织管理决策和活动的评价，如正海磁材的制造部副部长很认同企业保护环境的做法，“公司从来不做违法的事情，包括环保啊……油污啊、噪声啊……他至少考虑到了周围的环境”；后者是由于相关媒体的报道而产生的评价，如厚德企业在自然灾害中的表现得到了组织成员极大程度的认可：“1998 年发洪水的时候……因为买不了车，就用一辆货车，拉货的那种货车，把东西捐过去……对了，烟台电视台还报道了呢”。Mahon 和Wartick（2003）[179] 的组织声望管理模型可以对此做出很好的解释，这些组织的活动和媒体的报道，都被作为企业利益相关者的中层管理者们所感知，进而形成对企业的评价，即组织声望。根据 Dentchev 和 Heene (2004) 的建议[180]，组织应该持续、一致地释放这种信号，以提高中层管理者对组织声望的感知，进而提升其组织认同度。

2. 培养变革型领导行为

Burns (1978) 认为，下属的意识可以通过变革型领导追求更高的理想和道德价值来培养和提高。[181] 本书结论也表明，变革型领导对企业中层管理者组织认同的价值融合、情感归属和人际关系三个维度具有显著的正向影响。因此，企业领导者应该注意培养变革型领导行为，促进中层管理者的组织认同。借鉴 Bass (1985)[182] 关于变革型领导的理论研究，变革型领导行为可以通过如下方式培养：第一，领导者应该努力提升自身素质，成为下属的榜样，进而得到下属的尊重和认同；第二，领导者应该表达对下属的赞赏和期望；第三，积极激励和启发下属进行工作方法的创新；第四，对下属施行个性化的关怀，因材施教地培养下属。

3. 重视企业文化建设

大量研究证明了文化对组织认同的重要影响（刘平安，2012；陆海志，2010；刘剑锋和何立，2008；魏钧等，2008），有的研究者甚至认为“企业文化来自组织认同”。组织成员共同认可的价值观是企业文化的核心，组织成员共同认可的价值观又决定了企业的发展理念和社会责任履行，也反映了领导的价值观，而这正是企业中层管理者组织认同价值融合维度的几个重要子维度。经常有企业会提出“家”文化的概念，提倡企业如家。如访谈中了解到的绿叶制药的互助基金制度，既给员工提供了防患意外的安全感，也促进了员工对企业的归属感。家文化还促进了员工之间和谐的人际关系，让同事之间像家人一样沟通、互助。

4. 完善企业制度

中层管理者大多受过良好的教育，具有某一方面的专长，而且具有强烈的成就动机和自我实现愿望。因此，事业发展是企业中层管理者组织认同的一个主要维度，也是充分体现企业中层管理者层级性特点的关键维度。而中层管理者在组织内部的事业发展，需要完善的企业制度来保证。例如，中层管理者要想学有所用，获得合理的晋升，就要求企业有完善的工作分析制度、招聘选拔制度、绩效考核制度、培训制度和职业生涯管理制度作保证；而完善的薪酬福利制度还可以为中层管理者提供安全感、归属感和组织公平感，促进情感归属的认同。

第三节 研究局限及展望

自 Mael 和 Ashforth 于 1989 年首次用社会认同理论来解释成员的组织认同以来，组织认同理论得到越来越多学者的关注，组织认同方面的研究成果也逐渐增多，成为组织行为学理论的一个热点问题。但是，大部分学者将研究对象界定为某一群体，如护士、公务员等。本书将研究对象进行层次上的界定，选取企业中层管理者作为研究对象，通过扎根理论研究得出了企业中层管理者组织认同的四维度结构模型，开发了相应的测量量表，并选取相关变量进行了实证研究，得出了一些有价值的结论，弥补了组织认同理论层次研究的不足。但是，由于时间、精力和能力的限制，本书还存在一些局限，有一些问题需要在下一步研究中进行解决。

1. 样本的代表性问题

本书对来自 11 家企业的 40 位中层管理者进行了深度访谈，获得了 40 余万字的访谈资料，借助 Nvivo 软件，利用扎根理论分析方法，获得了企业中层管理者组织认同的四维度结构模型。经过与国内外相关研究进行比较（Karasawa，1991；Deaux，1996；Brewer，2000；Deaux，1996；Jackson 和 Smith，1999；Patchen，1970；王彦斌，2004；孙建敏，2009），我们认为企业中层管理者组织认同四维度结构模型具有一定的特殊性和代表性，很好地体现出中国文化因素和中层管理者职位层级对组织认同维度的影响。但是，本研究中的访谈企业主要集中在胶东半岛地区，不能体现出地理位置上的差异对企业中层管理者组织认同维度的影响。中国素有“百里不同风，十里不通俗”之说，不同地域文化差异明显，而中国传统文化对组织认同维度的影响显著（魏钧，2008）。[183] 因此，此次研究得出的维度在不同区域的代表性有待考察。未来研究可以扩大访谈样本，考虑样本在不同地区文化的代表性，并进行跨地区文化的研究比较，以得出真正有推广价值的企业中层管理者组织认同结构模型。

2. 资料收集方式问题

资料收集的方式决定了收集数据的有效性。本书在资料收集方面可能存在以下局限：首先，本书中选取的 40 位中层管理者是笔者通过找企业的总经理、人事副总等帮忙联系，从他们所在企业选取的。虽然我们与被访谈对象反复强调访谈是学术性的，但是仍然不排除他们碍于领导权威而无法真实表达自己观点的可能性。其次，本书中企业中层管理者组织认同影响变量及工作态度变量的测量数据，均采用自陈式（Self-Report）问卷收集，而这种由同一个人对预测变量与效标变量作答的问卷收集方式，容易导致共同方法偏差（Common Method Variance）。[184] 最后，本书相当一部分问卷是通过问卷星来作答，虽然我们通过作答时间、答题规律等方式，剔除了一部分无效问卷，但是我们仍然无法判断被确认为有效问卷中的答案，是否是这些企业中层管理者内心真实的想法。未来研究中，可以采用自我报告和他人报告相结合、预测变量和效标变量调查时间相分离的方式，以获得更准确的研究数据，消除数据偏差的影响，保证研究结论能够更好地揭示相关变量的内在规律。

3. 理论模型的缜密性问题

本研究中，笔者选取在深度访谈中企业中层管理者提及频次最高的变革型领导、组织声望、组织公平作为企业中层管理者组织认同的影响变量，选取工作满意感、离职倾向、反生产行为来研究企业中层管理者组织认同对工作态度的作用机理。由于变量间的相互影响、变量选取的不缜密，可能导致研究结果的偏差。后续研究中，可以考虑更加科学的选取变量的方法，设计包含主要影响变量的更加科学的理论模型，探索相关变量的相互影响，提高研究的准确性，以更好地指导企业实践。

4. 组织认同的动态研究问题

本书中考虑到了不同年龄、婚姻状况、工作年限、本岗位工作年限等变量对企业中层管理者组织认同的影响。但是，我们采用问卷调查的数据收集方式，获得的是横截面数据，反映的是被调查者在被调查这一时间点的组织认同状态，不能很好地反映企业中层管理者组织认同在整个职业生涯各阶段的动态演化过程。未来研究中，可以考虑选取若干中层管理者进行跟踪式的研究，以更好地揭示企业中层管理者组织认同在年龄、婚姻、工作年限、本岗位工作年限等变量上的动态演化轨迹，从而可以指导企业针对不同职业生涯阶段的中层管理者进行适合的人力资源管理工作，也可以更好地指导企业中层管理者自己进行职业生涯规划。

附录 1　企业中层管理者组织认同结构维度访谈提纲

◆ **访谈目的介绍**

尊敬的女士/先生：

您好！非常感谢您在百忙之中抽出时间参加教育部人文社科项目《企业中层管理者组织认同结构维度及作用机理》的学术调研。本研究的目的是探索中国情境下企业中层管理者组织认同的结构维度、前因变量、结果变量及作用机理，以期对企业针对中层管理者的激励和中层管理者的自我职业生涯管理提供理论指导。研究工作结束后，可以同您分享研究的结论和建议。

本访谈大约需要一个小时的时间。您的谈话内容将仅供研究者进行学术分析，不会用于任何商业用途，也不会对任何非研究人员公开，所以您不必有任何顾虑。另外，请真实地表达您的看法，因为您的观点对我们非常重要，关系着本次研究的成败。为了研究的顺利开展，我们将对访谈的内容做记录，您同意吗？

◆ **访谈问题**

◎ 首先，我很希望更多地了解您的个人情况，能简单地介绍一下您的主要学习和工作经历吗？

• 年龄、学历、毕业年份、工作年限、在该组织工作时间、现任职务、任该职务时间。

◎ 接下来，我想了解一下贵单位的基本情况，包括主营业务、单位性质、主要发展经历等。

◎ 众所周知，员工对组织的认同有着十分重要的作用。但是对于组织认同的内涵众说纷纭，所以我想听听您的观点。您认为作为一个中层管理者来说，对组织的认同应该包含哪些因素，能否举几个您认为的组织认同高的例子，并再举几个组织认同低的例子。

• Ashforth 和 Mael（1992）从认知角度定义组织认同，认为组织认同是与组织一致，或是一种归属于群体的知觉。Pratt（1998）和 Stongel（1987）认为组织认同是组织成员对个体价值观和组织价值观一致程度的认知。

• O'Rei1ly 和 Chatman（1986）从情感角度定义组织认同，即组织认同产生的基础是个体基于与认同目标保持情感满意的自我定义关系的吸引和期望。

• Riketta（2005）认为组织认同是，个体把自己和组织视为一体的自我认定(社会学角度)，它是个体认知并内化组织价值观的结果(认知角度)，表现为个体对于组织在归属感、自豪感和忠诚度等方面流露出的情感归依（情感角度）。

◎ 刚才您谈到中层管理者对组织的认同可能体现在……几个方面，您能不能具体谈一下是什么让您产生这种看法的呢？比如……方面。(根据被访谈者提到的方面来继续发问)

• 任职年限、企业声誉、领导（关心、风格、忠诚、信任）、同事关系（同级、上级、下级）、能力提升、事业（机会、培训）实现、个人工作上的投入、沟通氛围、职场排斥、感伤情怀、个人需要。

◎ 就您身边的同事来说，您认为认同组织和不认同组织的人，在哪些方面会有不同的行为表现呢？

• 离职倾向、合作意图、工作满意度、缺勤、组织公民行为（个体自由决定的行为，并非为正式的奖励系统所直接或明显接受，但它有助于提高组织功能的有效性）。

附录 2　企业中层管理者组织认同调查问卷（预试）

尊敬的女士/先生：

您好！感谢您在百忙之中参与我们的问卷调查。这是一项学术性调查，我们保证对您所回答的内容绝对保密，仅供学术研究使用。您只需要根据自己的真实感受作答即可，答案没有对错之分。如果您对研究结论感兴趣，请留下您的电子邮箱，我们很高兴与您分享我们的研究成果。如果您对本问卷有任何疑问，请与我们联系：duhengbo@163.com。

由衷地感谢您对本研究的热心支持！

一、下面的语句描述的是您对所在单位的感受，请您根据自己的真实感受，对下面的描述进行打分。

测量题项	非常不同意⟵⟶非常同意				
QG01 公司能给我一种“家”的感觉	1	2	3	4	5
QG02 我能够感觉到公司对我生活上的关心	1	2	3	4	5
QG03 我们公司员工遇到困难时，能得到公司的帮助	1	2	3	4	5
RJ01 我在工作上可以得到同事的支持	1	2	3	4	5
RJ02 我的领导是个容易亲近的人	1	2	3	4	5
RJ03 我们公司同事关系很融洽	1	2	3	4	5
SY01 在这家公司，我可以学到很多东西	1	2	3	4	5
SY02 在公司中有较大的晋升空间	1	2	3	4	5
SY03 公司具有较好的发展前景	1	2	3	4	5
JZ01 本公司在社会上的形象能够很好地代表我的形象	1	2	3	4	5
JZ02 当我谈到企业时，我会说“我们”而非“他们”	1	2	3	4	5
JZ03 企业的成功也是我的成功	1	2	3	4	5

注：1＝非常不同意；2＝不同意；3＝不确定；4＝比较同意；5＝非常同意

二、下面的语句描述的是您的直属领导在工作中的行为表现，请您根据自己对其工作行为的感受，对下面的描述进行打分。

测量题项	非常不同意←→完全同意				
TL01 我的直接领导在完成任务中显示出决心	1	2	3	4	5
TL02 我的直接领导让其下属感觉愉快	1	2	3	4	5
TL03 我的直接领导为了团体（集体）利益，不计较个人得失	1	2	3	4	5
TL04 我的直接领导很能干、有魄力、自信	1	2	3	4	5
TL05 我的直接领导向下属表达对他们高绩效的期望	1	2	3	4	5
TL06 我的直接领导充满激情地讨论需要完成的工作	1	2	3	4	5
TL07 我的直接领导能够给大家描绘鼓舞人心的未来	1	2	3	4	5
TL08 我的直接领导给大家传达一种使命感	1	2	3	4	5

注：1＝非常不同意；2＝不同意；3＝不确定；4＝比较同意；5＝非常同意

三、下面的语句描述的是您所在单位的外部声望，请您根据自己的真实感受，对下面的描述进行打分。

测量题项	非常不同意←→非常同意				
OR01 我身边的人对我所在的公司很尊重	1	2	3	4	5
OR02 成为这家公司的员工是很受身边人尊敬的	1	2	3	4	5
OR03 这家公司被认为是同行业里最好的公司之一	1	2	3	4	5
OR04 其他同行业公司的员工瞧不起这家公司（R）	1	2	3	4	5

注：1＝非常不同意；2＝不同意；3＝不确定；4＝比较同意；5＝非常同意

四、下面的语句是对贵单位日常运行中公平性的描述，请您根据自己的感受，对下面的描述进行打分。

测量题项	非常不同意←→完全同意				
OJ01 我的工作安排是合理的	1	2	3	4	5
OJ02 我认为我的收入水平是合理的	1	2	3	4	5
OJ03 我认为我的工作量很合理	1	2	3	4	5
OJ04 总的来说，我在本组织得到的奖励是非常公平的	1	2	3	4	5
OJ05 我觉得我的职责是合理的	1	2	3	4	5
OJ06 各级管理者都参与有关决策工作	1	2	3	4	5
OJ07 公司通过各种渠道了解员工对于政策及决策的意见	1	2	3	4	5

续表

测量题项	非常不同意←→完全同意				
OJ08 公司决策仅由高层管理者做出，其他人被排除在决策过程之外（R）	1	2	3	4	5
OJ09 公司在设计政策时没有考虑员工的意见（R）	1	2	3	4	5
OJ10 公司具有正式的投诉渠道	1	2	3	4	5
OJ11 公司规定负责的部门必须在一定时间内对员工的投诉给予答复	1	2	3	4	5
OJ12 员工关于公司政策方面的问题总能得到迅速、满意的答复	1	2	3	4	5

注：1＝非常不同意；2＝不同意；3＝不确定；4＝比较同意；5＝非常同意

五、下面的语句描述的是您对于现在工作的想法，请您根据自己的真实感受，对下面描述的情形进行打分。（作答结果保密，仅供学术研究使用）

测量题项	非常不同意←→完全同意				
TI01 一旦我找到更好的工作，我将离开这个公司	1	2	3	4	5
TI02 我正认真地思考是否辞去现在的工作	1	2	3	4	5
TI03 我会寻找其他工作机会	1	2	3	4	5

注：1＝非常不同意；2＝不同意；3＝不确定；4＝比较同意；5＝非常同意

六、下面的语句描述的是员工在工作中的一些行为表现，请您根据自己的表现，对下面描述的情形进行打分。（作答结果保密，仅供学术研究使用）

测量题项	非常不同意←→完全同意				
CB01 故意夸大自己的工作时间	1	2	3	4	5
CB02 带头宣扬一些关于公司的负面消息	1	2	3	4	5
CB03 私下说你同事的闲话	1	2	3	4	5
CB04 掩盖自己的错误	1	2	3	4	5
CB05 和同事之间以一种无利于生产的方式竞争	1	2	3	4	5
CB06 私下谈论你的直接主管	1	2	3	4	5
CB07 保持在主管视线以外，以避免承担额外的工作	1	2	3	4	5
CB08 私拿公司的设备（办公用品）或产品	1	2	3	4	5
CB09 自己在工作中出现过错，却责怪同事	1	2	3	4	5
CB10 故意降低工作效率	1	2	3	4	5

注：1＝非常不同意；2＝不同意；3＝不确定；4＝比较同意；5＝非常同意

七、下面的语句描述的是员工对单位日常运行情况的满意程度，请根据您自己的感受，对下面描述的情形进行打分。

测量题项	非常不同意⟵⟶完全同意				
JS01 我对单位内的提升机会非常满意	1	2	3	4	5
JS02 我对单位里的同事非常满意	1	2	3	4	5
JS03 我对我的直接上级非常满意	1	2	3	4	5
JS04 我对我从事的工作本身非常满意	1	2	3	4	5
JS05 我对我从单位得到的报酬非常满意	1	2	3	4	5
JS06 我对现在的工作感到非常满意	1	2	3	4	5

注：1 = 非常不同意；2 = 不同意；3 = 不确定；4 = 比较同意；5 = 非常同意

八、个人及组织的基本信息

1. 性别　（1）男　（2）女

2. 年龄

（1）25 岁及以下　（2）25~30 岁
（3）30~35 岁　（4）35~40 岁
（5）40~45 岁　（6）45~50 岁
（7）50~55 岁　（8）55~60 岁

3. 受教育程度

（1）高中及以下　（2）专科
（3）本科　（4）硕士
（5）博士

4. 婚姻状况

（1）未婚　（2）已婚

5. 工作年限

（1）1 年以内　（2）1~3 年
（3）3~5 年　（4）5~7 年
（5）7~9 年　（6）10 年及以上

6. 在本岗位工作年限

（1）1 年以内　　（2）1~3 年

（3）3~5 年　　（4）5~7 年

（5）7~9 年　　（6）10 年及以上

7. 企业性质

（1）国有独资　　（2）国有控股

（3）民营　　（4）合资

（5）外资

8. 企业发展阶段

（1）初创期　　（2）成长期

（3）成熟期　　（4）衰退期

（5）转型期

9. 同级人员规模

（1）5 人及以下　　（2）5~10 人

（3）10~15 人　　（4）15~20 人

（5）20 人及以上

再次感谢您的认真填写！

附录3　企业中层管理者组织认同影响因素调查问卷

尊敬的女士/先生：

您好！感谢您在百忙之中参与我们的问卷调查。这是一项学术性调查，我们保证对您所回答的内容绝对保密，仅供学术研究使用。您只需要根据自己的真实感受作答即可，答案没有对错之分。如果您对研究结论感兴趣，请留下您的电子邮箱，我们很高兴与您分享我们的研究成果。如果您对本问卷有任何疑问，请与我们联系：duhengbo@163.com。

由衷地感谢您对本研究的热心支持！

一、下面的语句描述的是您对所在单位的感受，请您根据自己的真实感受，对下面的描述进行打分。

测量题项	非常不同意⟷非常同意				
QG01 公司能给我一种“家”的感觉	1	2	3	4	5
QG02 我能够感觉到公司对我生活上的关心	1	2	3	4	5
QG03 我们公司员工遇到困难时，能得到公司的帮助	1	2	3	4	5
RJ01 我在工作上可以得到同事的支持	1	2	3	4	5
RJ02 我的领导是个容易亲近的人	1	2	3	4	5
RJ03 我们公司同事关系很融洽	1	2	3	4	5
SY01 在这家公司，我可以学到很多东西	1	2	3	4	5
SY02 在公司中有较大的晋升空间	1	2	3	4	5
SY03 公司具有较好的发展前景	1	2	3	4	5
JZ01 本公司在社会上的形象能够很好地代表我的形象	1	2	3	4	5
JZ02 当我谈到企业时，我会说“我们”而非“他们”	1	2	3	4	5
JZ03 企业的成功也是我的成功	1	2	3	4	5

注：1 = 非常不同意；2 = 不同意；3 = 不确定；4 = 比较同意；5 = 非常同意

二、下面的语句描述的是您的直属领导在工作中的行为表现，请您根据自己对其工作行为的感受，对下面的描述进行打分。

测量题项	非常不同意⟵⟶完全同意				
TL01 我的直接领导在完成任务中显示出决心	1	2	3	4	5
TL02 我的直接领导让其下属感觉愉快	1	2	3	4	5
TL03 我的直接领导为了团体（集体）利益，不计较个人得失	1	2	3	4	5
TL04 我的直接领导很能干、有魄力、自信	1	2	3	4	5
TL05 我的直接领导向下属表达对他们高绩效的期望	1	2	3	4	5
TL06 我的直接领导充满激情地讨论需要完成的工作	1	2	3	4	5
TL07 我的直接领导能够给大家描绘鼓舞人心的未来	1	2	3	4	5
TL08 我的直接领导给大家传达一种使命感	1	2	3	4	5

注：1 = 非常不同意；2 = 不同意；3 = 不确定；4 = 比较同意；5 = 非常同意

三、下面的语句描述的是您所在单位的外部声望，请您根据自己的真实感受，对下面的描述进行打分。

测量题项	非常不同意⟵⟶非常同意				
OR01 我身边的人对我所在的公司很尊重	1	2	3	4	5
OR02 成为这家公司的员工是很受身边人尊敬的	1	2	3	4	5
OR03 这家公司被认为是同行业里最好的公司之一	1	2	3	4	5

注：1 = 非常不同意；2 = 不同意；3 = 不确定；4 = 比较同意；5 = 非常同意

四、下面的语句是对贵单位日常运行中公平性的描述，请您根据自己的感受，对下面的描述进行打分。

测量题项	非常不同意⟵⟶完全同意				
OJ01 我的工作安排是合理的	1	2	3	4	5
OJ02 我认为我的收入水平是合理的	1	2	3	4	5
OJ03 我认为我的工作量很合理	1	2	3	4	5
OJ04 总的来说，我在本组织得到的奖励是非常公平的	1	2	3	4	5
OJ05 我觉得我的职责是合理的	1	2	3	4	5
OJ06 各级管理者都参与有关决策工作	1	2	3	4	5

续表

测量题项	非常不同意⟵⟶完全同意				
OJ07 公司通过各种渠道了解员工对于政策及决策的意见	1	2	3	4	5
OJ10 公司具有正式的投诉渠道	1	2	3	4	5
OJ11 公司规定负责的部门必须在一定时间内对员工的投诉给予答复	1	2	3	4	5
OJ12 员工关于公司政策方面的问题总能得到迅速、满意的答复	1	2	3	4	5

注：1 = 非常不同意；2 = 不同意；3 = 不确定；4 = 比较同意；5 = 非常同意

五、个人及组织的基本信息

1. 性别　（1）男　（2）女

2. 年龄

（1）25 岁及以下　（2）25~30 岁

（3）30~35 岁　（4）35~40 岁

（5）40~45 岁　（6）45~50 岁

（7）50~55 岁　（8）55~60 岁

3. 受教育程度

（1）高中及以下　（2）专科

（3）本科　（4）硕士

（5）博士

4. 婚姻状况

（1）未婚　（2）已婚

5. 工作年限

（1）1 年以内　（2）1~3 年

（3）3~5 年　（4）5~7 年

（5）7~9 年　（6）10 年及以上

6. 在本岗位工作年限

（1）1 年以内　（2）1~3 年

（3）3~5 年　（4）5~7 年

（5）7~9 年　（6）10 年及以上

7. 企业性质

（1）国有独资　（2）国有控股

（3）民营　（4）合资

（5）外资

8. 企业发展阶段

（1）初创期　（2）成长期

（3）成熟期　（4）衰退期

（5）转型期

9. 同级人员规模

（1）5 人及以下　（2）5~10 人

（3）10~15 人　（4）15~20 人

（5）20 人以上

再次感谢您的认真填写！

附录 4　企业中层管理者组织认同对工作态度影响调查问卷

尊敬的女士/先生：

您好！感谢您在百忙之中参与我们的问卷调查。这是一项学术性调查，我们保证对您所回答的内容绝对保密，仅供学术研究使用。您只需要根据自己的真实感受作答即可，答案没有对错之分。如果您对研究结论感兴趣，请留下您的电子邮箱，我们很高兴与您分享我们的研究成果。如果您对本问卷有任何疑问，请与我们联系：duhengbo@163.com。

由衷地感谢您对本研究的热心支持！

一、下面的语句描述的是您对所在单位的感受，请您根据自己的真实感受，对下面的描述进行打分。

测量题项	非常不同意←→非常同意				
QG01 公司能给我一种"家"的感觉	1	2	3	4	5
QG02 我能够感觉到公司对我生活上的关心	1	2	3	4	5
QG03 我们公司员工遇到困难时，能得到公司的帮助	1	2	3	4	5
RJ01 我在工作上可以得到同事的支持	1	2	3	4	5
RJ02 我的领导是个容易亲近的人	1	2	3	4	5
RJ03 我们公司同事关系很融洽	1	2	3	4	5
SY01 在这家公司，我可以学到很多东西	1	2	3	4	5
SY02 在公司中有较大的晋升空间	1	2	3	4	5
SY03 公司具有较好的发展前景	1	2	3	4	5
JZ01 本公司在社会上的形象能够很好地代表我的形象	1	2	3	4	5
JZ02 当我谈到企业时，我会说"我们"而非"他们"	1	2	3	4	5
JZ03 企业的成功也是我的成功	1	2	3	4	5

注：1 = 非常不同意；2 = 不同意；3 = 不确定；4 = 比较同意；5 = 非常同意

二、下面的语句描述的是员工对单位日常运行情况的满意程度，请根据您自己的感受，对下面描述的情形进行打分。

测量题项	非常不同意←→完全同意				
JS01 我对单位内的提升机会非常满意	1	2	3	4	5
JS02 我对单位里的同事非常满意	1	2	3	4	5
JS03 我对我的直接上级非常满意	1	2	3	4	5
JS04 我对我从事的工作本身非常满意	1	2	3	4	5
JS05 我对我从单位得到的报酬非常满意	1	2	3	4	5
JS06 我对现在的工作感到非常满意	1	2	3	4	5

注：1＝非常不同意；2＝不同意；3＝不确定；4＝比较同意；5＝非常同意

三、下面的语句描述的是您对于现在工作的想法，请您根据自己的真实感受，对下面描述的情形进行打分。(作答结果保密，仅供学术研究使用)

测量题项	非常不同意←→完全同意				
TI01 一旦我找到更好的工作，我将离开这个公司	1	2	3	4	5
TI02 我正认真地思考是否辞去现在的工作	1	2	3	4	5
TI03 我会寻找其他工作机会	1	2	3	4	5
TI04 如果有机会的话，我不会选择现在的公司	1	2	3	4	5

注：1＝非常不同意；2＝不同意；3＝不确定；4＝比较同意；5＝非常同意

四、下面的语句描述的是员工在工作中的一些行为表现，请您根据自己的表现，对下面描述的情形进行打分。(作答结果保密，仅供学术研究使用)

测量题项	非常不同意←→完全同意				
CB01 故意夸大自己的工作时间	1	2	3	4	5
CB02 带头宣扬一些关于公司的负面消息	1	2	3	4	5
CB03 私下说你同事的闲话	1	2	3	4	5
CB04 掩盖自己的错误	1	2	3	4	5

续表

测量题项	非常不同意←→完全同意				
CB05 和同事之间以一种无利于生产的方式竞争	1	2	3	4	5
CB06 私下谈论你的直接主管	1	2	3	4	5
CB07 保持在主管视线以外，以避免承担额外的工作	1	2	3	4	5
CB08 私拿公司的设备（办公用品）或产品	1	2	3	4	5
CB09 自己在工作中出现过错，却责怪同事	1	2	3	4	5
CB10 故意降低工作效率	1	2	3	4	5

注：1 = 非常不同意；2 = 不同意；3 = 不确定；4 = 比较同意；5 = 非常同意

五、个人及组织的基本信息

1. 性别　　（1）男　（2）女

2. 年龄

（1）25 岁及以下　　（2）25~30 岁

（3）30~35 岁　　（4）35~40 岁

（5）40~45 岁　　（6）45~50 岁

（7）50~55 岁　　（8）55~60 岁

3. 受教育程度

（1）高中及以下　　（2）专科

（3）本科　　（4）硕士

（5）博士

4. 婚姻状况

（1）未婚　　（2）已婚

5. 工作年限

（1）1 年以内　　（2）1~3 年

（3）3~5 年　　（4）5~7 年

（5）7~9 年　　（6）10 年及以上

6. 在本岗位工作年限

（1）1 年以内　　（2）1~3 年

（3）3~5 年　　（4）5~7 年

（5）7~9 年　　（6）10 年及以上

7. 企业性质

（1）国有独资　（2）国有控股
（3）民营　（4）合资
（5）外资

8. 企业发展阶段

（1）初创期　（2）成长期
（3）成熟期　（4）衰退期
（5）转型期

9. 同级人员规模

（1）5 人及以下　（2）5~10 人
（3）10~15 人　（4）15~20 人
（5）20 人以上

再次感谢您的认真填写！

附录 5　扎根理论分析图例

参考文献

[1] P R S. Fundamentals of management [M]. NJ：Prentice Hall，2001.

[2] 西洛·塔戴维. 激情员工 [M]. 北京：中国人民大学出版社，2007.

[3] 项国鹏. 西方学者论企业中层管理人员的战略管理角色及其启示 [J]. 外国经济与管理，2004，26（5）：21-25.

[4] Ashford S J，Tsui A S. Self-regulation for managerial effectiveness：The role of active feedback seeking [J]. Academy of Management Journal，1991，34（2）：251-280.

[5] 方永飞. 赢在中层——如何打造中国企业新中层 [M]. 北京：北京大学出版社，2006.

[6] Currie G，Procter S J. The antecedents of middle managers' strategic contribution: The case of a professional bureaucracy [J]. Journal of Management Studies，2005，42（7）：1325-1356.

[7] Thomas R，Dunkerley D. Careering downwards? Middle managers'experiences in the downsized organization [J]. British Journal of Management，1999，10（2）：157-169.

[8] McConville T，Holden L. The filling in the sandwich: HRM and middle managers in the health sector [J]. Personnel Review，1999，28（5/6）：406-424.

[9] 吴小建，黄健荣. 中层管理者职业倦怠的归因分析及其干预路径 [J]. 华东经济管理，2010（6）：103-105.

[10] Ashforth B E, Mael F. Social identity theory and the organization [J]. Academy of Management Review, 1989, 14 (1): 20–39.

[11] 葛建华，苏雪梅. 员工社会化、组织认同与组织公民行为——基于中国科技制造企业的实证研究 [J]. 南开管理评论，2010 (1): 42–49.

[12] 熊明良，孙健敏，顾良智. 工作满意感、组织认同与离职倾向关系实证研究 [J]. 商业经济与管理，2008，200 (6): 34–40.

[13] 杨永康，李艳霞. 组织认同感与离职倾向关系研究 [J]. 上海管理科学，2008 (3): 53–56.

[14] H M. Mintzberg on management: Inside the strange world of organizations [M]. New York: Free Press, 1989.

[15] Huy Q N. In praise of middle managers [J]. Harvard Business Review, 2001 (9): 72–79.

[16] 宝贡敏，徐碧祥. 组织认同理论研究述评 [J]. 外国经济与管理，2006，28 (1): 39–45.

[17] Mael F, Ashforth B E. Alumni and their alma mater: A partial test of the reformulated model of organizational identification [J]. Journal of Organizational Behavior, 1992, 13 (2): 103–123.

[18] Dutton J E, Dukerich J M, Harquail C V. Organizational images and member identification [J]. Administrative Science Quarterly, 1994, 39 (2): 239–263.

[19] Pratt M G. To be or not to be: Central questions in organizational identification [M]. Sage Publications, Inc, 1998.

[20] 徐玮伶，郑伯壎. 组织认同：理论与本质之初步探索分析 [J]. 中山管理评论，2002，10 (1): 45–64.

[21] O'Reilly C A, Chatman J. Organizational commitment and psychological attachment: The effects of compliance, identification, and internalization on prosocial behavior [J]. Journal of Applied Psychology, 1986, 71 (3): 492.

[22] 魏钧. 主观幸福感对知识型员工组织认同的影响 [J]. 科研管理，2009，162（2）：171–178.

[23] Riketta M. Organizational identification：A meta–analysis [J]. Journal of Vocational Behavior，2005，66（2）：358–384.

[24] 王彦斌，赵晓荣. 中国企业员工的组织认同及其整合基础——以企业控股形式为视点的分析 [J]. 江苏行政学院学报，2009，48（6）：49–54.

[25] Bergami M，Bagozzi R P. Self–categorization，affective commitment and group self–esteem as distinct aspects of social identity in the organization [J]. British Journal of Social Psychology，2000，39（4）：555–577.

[26] Karasawa M. Toward an assessment of social identity：The structure of group identification and its effects on in–group evaluations [J]. British Journal of Social Psychology，1991，30（4）：293–307.

[27] Cheney G. On the various and changing meanings of organizational membership：A field study of organizational identification [J]. Communications Monographs，1983，50（4）：342–362.

[28] Dick R，Wagner U，Stellmacher J，et al. The utility of a broader conceptualization of organizational identification：Which aspects really matter？ [J]. Journal of Occupational and Organizational Psychology，2004，77（2）：171–191.

[29] 王彦斌. 管理中的组织认同——理论建构及对转型期中国国有企业的实证分析 [M]. 北京：人民出版社，2004.

[30] 梁双莲. 中央行政机关公务人员组织认同的研究 [D]. 中国台湾：台湾大学政治学研究所，1984.

[31] 杨杰，刘玲. 组织认同与身份的质性分析与基模建构 [J]. 社会科学家，2010，154（2）：126–130.

[32] 奚菁，惠青山. 对中国家族企业员工组织认同内容结构的实证研究 [J]. 科学学与科学技术管理，2010，348（9）：194–199.

[33] 孙健敏，姜铠丰. 中国背景下组织认同的结构——一项探索性研究 [J]. 社会学研究，2009 (1)：184-216.

[34] Pratt M G，Rockmann K W，Kaufmann J B. Constructing professional identiy：The Tole of work and identity learning cycles in the customization of identity among medical resiednts [J]. Academy of Management Journal，2006，49 (2)：235-262.

[35] Boivie S，Lange D，Mcdonald M L，et al. Me or we：The effects of CEO organizational identification on agency costs [J]. Academy of Management Journal，2011，54 (3)：551-576.

[36] 李总演. 组织气候、组织认同、组织效能之关联性研究——以非盈利组织国际狮子会台湾地区分会为实证对象 [D]. 中国台湾：中原大学企业管理研究所，2001.

[37] 申继亮，李永鑫，张娜. 教师人格特征和组织认同与工作倦怠的关系 [J]. 心理科学，2009，180 (4)：774-777.

[38] Dukerich J M，Golden B R，Shortell S M. Beauty is in the eye of the beholder：The impact of organizational identification，identity，and image on the cooperative behaviors of physicians [J]. Administrative Science Quarterly，2002，47 (3)：507-533.

[39] Smidts A，Pruyn A T H，Van Riel C B. The impact of employee communication and perceived external prestige on organizational identification [J]. Academy of Management Journal. 2001，44 (5)：1051-1062.

[40] Schrodt P. The relationship between organizational identification and organizational culture：Employee perceptions of culture and identification in a retail sales organization [J]. Communication Studies，2002，53 (2)：189-202.

[41] 魏钧，陈中原，张勉. 组织认同的基础理论、测量及相关变量 [J]. 心理科学进展，2007，100 (6)：948-955.

[42] 何立，凌文辁. 领导风格对员工工作绩效的作用：组织认同

和工作投入的影响［J］. 企业经济，2010，363（11）：65-68.

［43］秦志华，傅升，蒋诚潇. 基于领导——成员交换视角的组织公平与组织认同关系研究［J］. 商业经济与管理，2010，220（2）：37-43.

［44］吴隆增，刘军，许浚. 职场排斥与员工组织公民行为：组织认同与集体主义倾向的作用［J］. 南开管理评论，2010，72（3）：36-44.

［45］唐宁玉，王琦琪，李倩. 高校合并后组织认同的影响因素研究［J］. 上海管理科学，2010，180（3）：38-43.

［46］李永鑫，李晓玉，张娜等. 组织竞争与教师组织认同的关系机制［J］. 心理发展与教育，2010（1）：37-41.

［47］Tajfel H. Individuals and groups in social psychology［J］. British Journal of Social and Clinical Psychology，1979，18（2）：183-190.

［48］Swann W B，Polzer J T，Seyle D C，et al. Finding value in diversity：Verification of personal and social self-views in diverse groups.［J］. Academy of Management Review，2004，29（1）：9-27.

［49］Riketta M. Organizational identification：A meta-analysis［J］. Journal of Vocational Behavior，2005，66（2）：358-384.

［50］Ashford S J，Barton M A. Identity-based issue selling［J］. Identity and the Modern Organization，2007：223-244.

［51］Cheney G. On the various and changing meanings of organizational membership：A field study of organizational identification［J］. Communications Monographs，1983，50（4）：342-362.

［52］Van Knippenberg D. Work motivation and performance：A social identity perspective［J］. Applied Psychology，2000，49（3）：357-371.

［53］Bamber E M，Iyer V M. Big 5 auditors' professional and organizational identification：Consistency or conflict?［J］. Auditing：A Journal of Practice & Theory，2002，21（2）：21-38.

［54］Dick R，Wagner U，Stellmacher J，et al. The utility of a broader conceptualization of organizational identification：Which aspects really matter? [J]. Journal of Occupational and Organizational Psychology, 2004, 77 (2): 171-191.

[55] 李淑敏，李旭培，时勘. 组织公平对工作满意度的影响：组织认同的调节作用 [J]. 人类工效学，2010，61 (3)：31-35.

[56] Kwon H H, Han J, Koh E. Female dancers'organizational commitment: Its relationship with organizational identification and job satisfaction in Korea [J]. Asian Women, 2010, 26 (3): 51-71.

[57] Peters K, Tevichapong P, Haslam S A. Making the organization fly organizational identification and citizenship in full-service and low-cost airlines [J]. Journal of Personnel Psycholgy, 2010, 9 (3): 145-148.

[58] 陈向明. 扎根理论的思路和方法 [J]. 教育研究与实验，1999 (4)：58-63.

[59] 蒋逸民，文军. 质性研究概论 [M]. 北京：北京大学出版社，2010.

[60] 凯西·卡麦兹. 构建扎根理论：质性研究实践指南 [M]. 重庆：重庆大学出版社，2009.

[61] Patchen M. Participation, achievement, and involvement on the job [M]. Prentice-Hall Englewood Cliffs, NJ, 1970.

[62] Jackson J W, Smith E R. Conceptualizing social identity: A new framework and evidence for the impact of different dimensions [J]. Personality and Social Psychology Bulletin, 1999, 25 (1): 120-135.

[63] Schrodt P. The relationship between organizational identification and organizational culture: Employee perceptions of culture and identification in a retail sales organization [J]. Communication Studies, 2002, 53 (2): 189-202.

[64] Miller V D, Allen M, Casey M K, et al. Reconsidering the organizational identification questionnaire [J]. Management Communication Quarterly, 2000, 13 (4): 626-658.

[65] Ashforth B E, Mael F. Social identity theory and the organiza-

tion [J]. Academy of Management Review, 1989: 20-39.

[66] Mael F A, Tetrick L E. Identifying organizational identification [J]. Educational and Psychological Measurement, 1992, 52 (4): 813-824.

[67] 王彦斌. 社会心理测量中降低主观性偏差的方法探索 一项关于组织认同的测量思路与量表设计及其结果 [J]. 社会, 2007 (6): 189-204.

[68] 王华. 中国文化背景下组织认同量表的开发及其验证 [D]. 中国人民大学硕士学位论文, 2008.

[69] Berdie A B H, Berdie R F. Decisions for tomorrow [M]. U of Minnesota Press, 1999.

[70] Lissitz R W, Green S B. Effect of the number of scale points on reliability: A Monte Carlo approach [J]. Journal of Applied Psychology, 1975, 60 (1): 10.

[71] Guadagnoli E, Velicer W F. Relation of sample size to the stability of component patterns [J]. Psychological Bulletin, 1988, 103 (2): 265-275.

[72] 刘军. 管理研究方法: 原理与应用 [M]. 北京: 中国人民大学出版社, 2008.

[73] Henson R K. Understanding internal consistency reliability estimates: A conceptual primer on coefficient alpha [J]. Measurement and Evaluation in Counseling and Development, 2001, 34 (3): 177-189.

[74] Bagozzi R P, Yi Y. On the evaluation of structural equation models [J]. Journal of the Academy of Marketing Science, 1988, 16 (1): 74-94.

[75] Diamantopoulos A, Siguaw J A. Introducing LISREL: A guide for the uninitiated [M]. Sage Publications Limited, 2000.

[76] 耿先锋. 顾客参与测量维度、驱动因素及其对顾客满意的影响机理研究 [D]. 浙江大学博士学位论文, 2008.

[77] Fornell C, Larcker D F. Evaluating structural equation models with unobservable variables and measurement error [J]. Journal of Marketing Research, 1981, 18 (1): 39–50.

[78] March J G, Simon H A. Organizations Wiley [J]. New York: 1958: 262.

[79] Albert S, Whetten D A. Organizational identity [J]. Research in Organizational Behavior, 1985 (7): 236–295.

[80] Dutton J E, Dukerich J M, Harquail C V. Organizational images and member identification [J]. Administrative Science Quarterly, 1994: 239–263.

[81] Fisher R J, Wakefield K. Factors leading to group identification: A field study of winners and losers [J]. Psychology & Marketing, 1998, 15 (1): 23–40.

[82] Gioia D A, Schultz M, Corley K G. Organizational identity, image, and adaptive instability [J]. Academy of Management Review, 2000, 25 (1): 63–81.

[83] Smidts A, Pruyn A T H, Van Riel C B. The impact of employee communication and perceived external prestige on organizational identification [J]. Academy of Management Journal, 2001, 44 (5): 1051–1062.

[84] Fuller J B, Marler L, Hester K, et al. Construed external image and organizational identification: A test of the moderating influence of need for self–esteem [J]. The Journal of Social Psychology, 2006, 146 (6): 701–716.

[85] Mignonac K, Herrbach O, Guerrero S. The interactive effects of perceived external prestige and need for organizational identification on turnover intentions [J]. Journal of Vocational Behavior, 2006, 69 (3): 477–493.

[86] Bartels J, Pruyn A, de Jong M, et al. Multiple organizational identification levels and the impact of perceived external prestige and com–

munication climate [J]. Journal of Organizational Behavior, 2007, 28 (2): 173-190.

[87] 李永鑫，杨文君，申继亮. 教师组织认同、工作满意感与情感承诺的关系 [J]. 心理与行为研究，2011，9 (3)：185-189.

[88] 周蕙稳. 企业社会责任、组织认同与企业声誉关联性之个案研究 [D]. 中国台湾淡江大学，2012.

[89] 黎光明，周国华. 大学教师组织认同的结构方程模型分析 [J]. 高校教育管理，2013 (1)：67-71.

[90] Bass B M, Avolio B J. Developing transformational leadership: 1992 and beyond [J]. Journal of European Industrial Training, 1990, 14 (5).

[91] Shamir B, House R J, Arthur M B. The motivational effects of charismatic leadership: A self-concept based theory [J]. Organization Science, 1993, 4 (4): 577-594.

[92] Lord R G, Brown D J, Freiberg S J. Understanding the dynamics of leadership: The role of follower self-concepts in the leader/follower relationship [J]. Organizational Behavior and Human Decision Processes, 1999, 78 (3): 167-203.

[93] Van Knippenberg D. Work motivation and performance: A social identity perspective [J]. Applied Psychology, 2000, 49 (3): 357-371.

[94] Kark R, Shamir B. The influence of transformational leadership on followers' relational versus collective self-concept [C]. Academy of Management, 2002.

[95] Epitropaki O. Transformational leadership, psychological contract breach and organizational identification [C]. Sage, 2003.

[96] Epitropaki O, Martin R. The moderating role of individual differences in the relation between transformational/transactional leadership perceptions and organizational identification [J]. The Leadership Quarterly, 2005, 16 (4): 569-589.

[97] 毛忞歆，龙立荣. 变革型领导与员工对组织变革认同感的关系研究 [J]. 管理学报，2009 (5)：595-600.

[98] 施瑞峰，杜佩兰，曾荣丰等. 领导行为、组织学习与组织认同关系之研究 [J]. 管理实务与理论研究，2009，3 (1)：45-67.

[99] 李永鑫. 教师组织认同的理论与实证研究 [M]. 北京：中国科学技术出版社，2011.

[100] Tyler T，Degoey P，Smith H. Understanding why the justice of group procedures matters：A test of the psychological dynamics of the group-value model [J]. Journal of Personality and Social Psychology，1996，70 (5)：913.

[101] 陈钦雨，赖志超，郑伯壎. 台湾企业员工组织认同的来源及其效益 [J]. 人力资源管理学报，2001，1 (1)：27-51.

[102] 郭玉芳，彭玉树，林家五. 购并公司命名决策、组织公平和组织认同之研究——主、被并公司员工之观点 [J]. 人力资源管理学报，2004，4 (1)：49-70.

[103] Olkkonen M，Lipponen J. Relationships between organizational justice，identification with organization and work unit，and group-related outcomes [J]. Organizational Behavior and Human Decision Processes，2006，100 (2)：202-215.

[104] De Cremer D，Blader S L. Why do people care about procedural fairness? The importance of belongingness in responding and attending to procedures [J]. European Journal of Social Psychology，2006，36 (2)：211-228.

[105] 陈郁中. 组织公平、组织认同与角色外行为关系之研究 [D]. 中国台湾：海运暨管理学院，2010.

[106] 周国华. 大学教师组织认同研究：影响因素及其构建基础 [M]. 上海：华东师范大学出版社，2012.

[107] Walumbwa F O，Cropanzano R，Hartnell C A. Organizational justice，voluntary learning behavior，and job performance：A test of the

mediating effects of identification and leader-member exchange [J]. Journal of Organizational Behavior, 2009, 30 (8): 1103-1126.

[108] 王弘钰. 劳务派遣工的组织公平、组织认同与工作绩效关系研究 [D]. 吉林大学博士学位论文, 2010.

[109] 曾贱吉. 企业员工组织信任：前因、效应及其作用 [D]. 西南交通大学博士学位论文, 2011.

[110] Moorman R H, Blakely G L, Niehoff B P. Does perceived organizational support mediate the relationship between procedural justice and organizational citizenship behavior? [J]. Academy of Management Journal, 1998, 41 (3): 351-357.

[111] Farh J, Earley P C, Lin S. Impetus for action: A cultural analysis of justice and organizational citizenship behavior in Chinese society [J]. Administrative Science Quarterly, 1997: 421-444.

[112] 周浩, 龙立荣. 共同方法偏差的统计检验与控制方法 [J]. 心理科学进展, 2004 (6): 942-950.

[113] Wheaton D E. Assessing reliability and stability in panel models [J]. Sociological Methodology. 1977.

[114] Steiger J H. Structural model evaluation and modification: An interval estimation approach [J]. Multivariate Behavioral Research, 1990, 25 (2): 173-180.

[115] 温忠麟, 侯杰泰, 马什赫伯特. 结构方程模型检验：拟合指数与卡方准则 [J]. 心理学报, 2004 (2): 186-194.

[116] Bentler P M. EQS structural equations program manual [M]. Multivariate Software, 1995.

[117] Mael F A, Ashforth B E. Loyal from day one: Biodata, organizational identification, and turnover among newcomers [J]. Personnel Psychology, 1995, 48 (2): 309-333.

[118] Myers K K, Oetzel J G. Exploring the dimensions of organizational assimilation: Creating and validating a measure [J]. Communication

Quarterly，2003，51（4）：438–457.

［119］ Van Knippenberg D，Van Dick R，Tavares S. Social identity and social exchange：Identification，support，and withdrawal from the job［J］. Journal of Applied Social Psychology，2007，37（3）：457–477.

［120］ Cole M S，Bruch H. Organizational identity strength，identification，and commitment and their relationships to turnover intention：Does organizational hierarchy matter?［J］. Journal of Organizational Behavior，2006，27（5）：585–605.

［121］ 李永鑫，李艺敏，张娜等. 组织公正、组织认同与教师离职意向的关系［J］. 心理与行为研究，2009，7（4）：253–257.

［122］ 吴菲菲. 基层管理者组织公平感、组织认同与离职倾向的关系研究［D］. 浙江工商大学，2011.

［123］ 戴娜. 领导授权行为、组织认同与离职倾向的关系研究［D］. 厦门大学硕士学位论文，2009.

［124］ Bennett R J，Robinson S L. Development of a measure of workplace deviance［J］. Journal of Applied Psychology，2000，85（3）：349–360.

［125］ 张永军，廖建桥，赵君. 国外组织公民行为与反生产行为关系研究述评［J］. 外国经济与管理，2010（5）：31–39.

［126］ 魏钧. 组织契合与认同研究——中国传统文化对现代组织的影响［M］. 北京：北京大学出版社，2008.

［127］ Turner J C. Rediscovering the social group：A self-categorization theory［J］. British Journal of Social Psychology，1987，26（4）：347–348.

［128］ 张伟兵，包先进，张永军. 反生产行为正负效应及管理策略研究［J］. 华东经济管理，2011（8）：81–84.

［129］ 王庆军，张盼. 知识型核心员工反生产行为的管理对策研究［J］. 企业导报，2012（10）：206–208.

［130］ 杨立敏. 劳务派遣工的组织公平、组织认同与反生产行为关

系研究 [D]. 吉林大学硕士学位论文，2012.

[131] Knippenberg D，Schie E. Foci and correlates of organizational identification [J]. Journal of Occupational and Organizational Psychology，2000，73 (2)：137-147.

[132] Hall D T，Schneider B，Nygren H T. Personal factors in organizational identification [J]. Administrative Science Quarterly，1970，15 (2)：176-190.

[133] Wegge J，Van Dick R，Fisher G K，et al. Work motivation，organisational identification，and well-being in call centre work [J]. Work & Stress，2006，20 (1)：60-83.

[134] Dick R，Hirst G，Grojean M W，et al. Relationships between leader and follower organizational identification and implications for follower attitudes and behaviour [J]. Journal of Occupational and Organizational Psychology，2007，80 (1)：133-150.

[135] 熊明良，张志坚，熊国良. 员工满意感与认同感关系研究 [J]. 华东交通大学学报，2008 (4)：111-116.

[136] Han S. Female dancers' organizational commitment：Its relationship with organizational identification and job satisfaction in Korea [J]. Asian Women，2010，26 (3)：51-71.

[137] Harris G E，Cameron J E. Multiple dimensions of organizational identification and commitment as predictors of turnover intentions and psychological well-being [J]. Canadian Journal of Behavioural Science，2005，37 (3)：159.

[138] Muchinsky P M，Morrow P C. A multidisciplinary model of voluntary employee turnover [J]. Journal of Vocational Behavior，1980，17 (3)：263-290.

[139] Mobley W H. Intermediate linkages in the relationship between job satisfaction and employee turnover [J]. Journal of Applied Psychology，1977，62 (2)：237.

［140］ Olsen D. Work satisfaction and stress in the first and third year of academic appointment ［J］. Journal of Higher Education，1993，64（4）：453–471.

［141］ Currivan D B. The causal order of job satisfaction and organizational commitment in models of employee turnover ［J］. Human Resource Management Review，2000，9（4）：495–524.

［142］ De Gieter S，Hofmans J，Pepermans R. Revisiting the impact of job satisfaction and organizational commitment on nurse turnover intention：an individual differences analysis ［J］. International Journal of Nursing Studies，2011，48（12）：1562–1569.

［143］ 杨庆山，李静. 工作满意度与离职意向［J］. 社会心理科学，2000（3）：11–16.

［144］ 张勉，李树茁. 企业员工工作满意度决定因素实证研究［J］. 统计研究，2001（8）：33–37.

［145］ 赵西萍，刘玲，张长征. 员工离职倾向影响因素的多变量分析［J］. 中国软科学，2003（3）：71–74.

［146］ 杨秀伟，李明斐，张国梁. 高校教师工作满意度及其与离职倾向关系的实证研究［J］. 大连理工大学学报（社会科学版），2005（4）：66–69.

［147］ 叶仁荪，王玉芹，林泽炎. 工作满意度、组织承诺对国企员工离职影响的实证研究［J］. 管理世界，2005（3）：122–125.

［148］ Zhang Y，Feng X. The relationship between job satisfaction，burnout，and turnover intention among physicians from urban state–owned medical institutions in Hubei，China：A cross–sectional study ［J］. BMC Health Services Research，2011，11（1）：235.

［149］ 张爽，崔雪，沙飞. 工作满意度、组织承诺对离职意向影响的实证研究——以江苏省高技术企业为例［J］. 南京邮电大学学报（社会科学版），2012（1）：68–74.

［150］ Porter L W，Lawler E E. Managerial attitudes and performance

[M]. RD Irwin Homewood, IL, 1968.

[151] Smith P C. The measurement of satisfaction in work and retirement: A strategy for the study of attitudes [J]. Education Resources Information Center, 1969: 194.

[152] Cron W L, Slocum Jr J W. The influence of career stages on salespeople's job attitudes, work perceptions, and performance [J]. Journal of Marketing Research, 1986, 23 (2): 119–129.

[153] Heneman H G, Judge T A. Compensation attitudes [J]. Compensation in Organizations, 2000: 61–103.

[154] Lau V C, Au W T, Ho J M. A qualitative and quantitative review of antecedents of counterproductive behavior in organizations [J]. Journal of Business and Psychology, 2003, 18 (1): 73–99.

[155] Dalal R S. A meta-analysis of the relationship between organizational citizenship behavior and counterproductive work behavior [J]. Journal of Applied Psychology, 2005, 90 (6): 1241–1255.

[156] Mount M, Ilies R, Johnson E. Relationship of personality traits and counterproductive work behaviors: The mediating effects of job satisfaction [J]. Personnel Psychology, 2006, 59 (3): 591–622.

[157] 何毅锋. 旅馆员工人格特质、工作满意感与反生产力行为关系之研究 [D]. 中国台湾：高雄餐旅大学学位论文，2007.

[158] 赵旭，胡斌. 基于突变理论的企业员工反生产行为研究 [J]. 管理科学，2012 (4): 44–55.

[159] Guo X. Counterproductive work behaviors, Confucian values, and production deviance: The mediating effect of job satisfaction [J]. Social Behavior and Personality: An International Journal, 2012, 40 (6): 1045–1056.

[160] Efraty D, Wolfe D M. The effect of organizational identification on employee affective and performance responses [J]. Journal of Business and Psychology, 1988, 3 (1): 105–112.

[161] De Moura G R, Abrams D, Retter C, et al. Identification as an organizational anchor: How identification and job satisfaction combine to predict turnover intention [J]. European Journal of Social Psychology, 2009, 39 (4): 540–557.

[162] Van Dick R, Christ O, Stellmacher J, et al. Should I stay or should I go? Explaining turnover intentions with organizational identification and job satisfaction [J]. British Journal of Management, 2004, 15 (4): 351–360.

[163] Tsui A S, Egan T D, O'Reilly Iii C A. Being different: Relational demography and organizational attachment [J]. Administrative Science Quarterly, 1992, 37 (4): 549–579.

[164] Agho A O, Price J L, Mueller C W. Discriminant validity of measures of job satisfaction, positive affectivity and negative affectivity [J]. Journal of Occupational and Organizational Psychology, 1992, 65 (3): 185–195.

[165] Landau J, Hammer T H. Clerical employees' perceptions of interorganizational career opportunities [J]. Academy of Management Journal, 1986, 29 (2): 385–404.

[166] Kelloway E K, Loughlin C, Barling J, et al. Self-reported counterproductive behaviors and organizational citizenship behaviors: Separate but related constructs [J]. International Journal of Selection and Assessment, 2002, 10 (1-2): 143–151.

[167] Bannister B D, Griffeth R W. Applying a causal analytic framework to the Mobley, Horner, and Hollingsworth (1978) turnover model: A useful reexamination [J]. Journal of Management, 1986, 12 (3): 433–443.

[168] Hom P W, Griffeth R W, Sellaro C L. The validity of Mobley's (1977) model of employee turnover [J]. Organizational Behavior and Human Performance, 1984, 34 (2): 141–174.

[169] Williams L J, Hazer J T. Antecedents and consequences of satisfaction and commitment in turnover models: A reanalysis using latent variable structural equation methods [J]. Journal of Applied Psychology, 1986, 71 (2): 219.

[170] Wayne S J, Shore L M, Liden R C. Perceived organizational support and leader-member exchange: A social exchange perspective [J]. Academy of Management Journal, 1997, 40 (1): 82-111.

[171] Gruys M L, Sackett P R. Investigating the dimensionality of counterproductive work behavior [J]. International Journal of Selection and Assessment, 2003, 11 (1): 30-42.

[172] Hollinger R C, Clark J P. Theft by employees [M]. Lexington Books Lexington, MA, 1983.

[173] Robinson S L, Bennett R J. A typology of deviant workplace behaviors: A multidimensional scaling study [J]. Academy of Management Journal, 1995, 38 (2): 555-572.

[174] Sackett P R. The structure of counterproductive work behaviors: Dimensionality and relationships with facets of job performance [J]. International Journal of Selection and Assessment, 2002, 10 (1): 5-11.

[175] Stewart S M, Bing M N, Davison H K, et al. In the eyes of the beholder: A non-self-report measure of workplace deviance [J]. Journal of Applied Psychology, 2009, 94 (1): 207-215.

[176] Spector P E, Fox S, Penney L M, et al. The dimensionality of counterproductivity: Are all counterproductive behaviors created equal? [J]. Journal of Vocational Behavior, 2006, 68 (3): 446-460.

[177] 温忠麟，张雷，侯杰泰等. 中介效应检验程序及其应用 [J]. 心理学报，2004 (5): 614-620.

[178] Kim J, Bach S B, Clelland I J. Symbolic or behavioral management? Corporate reputation in high-emission industries [J]. Corporate Reputation Review, 2007, 10 (2): 77-98.

［179］ Mahon J F, Wartick S L. Dealing with stakeholders: How reputation, credibility and framing influence the game［J］. Corporate Reputation Review, 2003, 6 (1): 19–35.

［180］ Dentchev N A, Heene A. Managing the reputation of restructuring corporations: Send the right signal to the right stakeholder［J］. Journal of Public Affairs, 2004, 4 (1): 56–72.

［181］ Burns J M. Leadership［M］. New York: Harper and Row, 1978.

［182］ Bass B M. Leadership and performance beyond expectations［M］. New York: The Free Press, 1985.

［183］ 魏钧，张勉，杨百寅. 组织认同受传统文化影响吗——中国员工认同感知途径分析［J］. 中国工业经济，2008，243（6）：118–126.

［184］ 杜建政，赵国祥，刘金平. 测评中的共同方法偏差［J］. 心理科学，2005（2）：420–422.

后　记

本书付梓之际，心中感慨万千。逝去的一幕幕，已深深烙入我的脑海。怀着感恩的心，感谢一路走来给我鼓励和帮助的人们。

感谢我的恩师刘春红教授不弃愚钝，给我难得的学习机会；感谢刘老师在学业上的指导和生活上的照顾。刘老师严谨的学术素养、务实的工作态度，让我心怀敬意并深受熏陶。在本书的写作过程中，刘老师更是在章节安排、研究设计方面给予了细致耐心的指导。与刘老师的每次交流，不仅能给我学术上的启迪，更能引起我对人生的思考。

感谢在我博士学习期间，授业、解惑的戴昌钧教授、顾庆良教授、赵晓康教授、高长春教授、徐明教授、孙明贵教授、汤兵勇教授、郑建国教授、沈蕾教授；感谢为营造良好的学习和生活条件默默奉献的周莉莉老师、王丽华老师；感谢在生活上和学习上给予我热心帮助的王维红副教授、刘峰涛副教授和王扶东副教授。

感谢接受我访谈的东方电子、中宠食品、正海磁材、绿叶制药、首钢东星、富野集团和泰达集团等公司的各位领导；感谢帮我联系调研企业的张培建教授、俞国方教授、杨峰丽副教授和崔沪副院长；感谢帮我填写问卷和整理问卷的各位朋友、同学，特别是我的学生巩香和聂蒙蒙同学，感谢他们在企业访谈、资料整理方面的辛苦付出。

在本书写作过程中，也得到了众多朋友的热心帮助。感谢东华大学学生处的周林老师、上海海事大学的许长延老师和上海交通大学的俞明传博士在数据处理方面的帮助；感谢上海交通大学的顾琴轩教授、吉林大学的于桂兰教授、山东工商学院的傅志明教授和东南大学的沈伊默老师的有益建议。

感谢山东工商学院的各位领导和同事对我研究工作的支持和帮助。感谢毛荐其院长、杨光书记、张同全教授对我研究工作的支持和帮助；感谢管理学院李东升副院长在本书出版过程中给予的指导和热心帮助。感谢经济管理出版社申桂萍主任的耐心沟通和细心编辑。

感谢我的家人。感谢给予我无限母爱却不能看到本书付梓的母亲；感谢常年卧病在床还时刻督促我的研究、关心我的生活的父亲；感谢费心劳神帮我照顾孩子的岳父岳母；感谢聪明伶俐带给我无限欢乐的儿子。特别要感谢我的爱人许衍凤女士，感谢她这些年默默的付出，为了我的研究工作，为了我们的家，她牺牲了太多自己的时间，付出了太多的心血！

杜恒波

二零一五年三月于烟台